Artemis & Winkler

Sterne · Empfindsame Reise

Laurence Sterne

EINE EMPFINDSAME REISE
DURCH FRANKREICH
UND ITALIEN

ARTEMIS & WINKLER

Unter Zugrundelegung der Übertragung v. J. J. Bode (1768) aus dem Englischen von Siegfried Schmitz. Mit 12 Illustrationen von Tony Johannot, Nachwort und Zeittafel von Klaus Thiele-Dohrmann.

ISBN Leinen 3-538-05363-4

6. Auflage 1995
© des Textkorpus 1963 Winkler Verlag, München
© des Nachworts 1995 Artemis & Winkler Verlag Zürich/Düsseldorf
Alle Rechte, einschließlich derjenigen des auszugsweisen Abdrucks
sowie der photomechanischen und elektronischen Wiedergabe,
vorbehalten. Gesamtherstellung: Friedrich Pustet, Regensburg,
Graphischer Großbetrieb. Printed in Germany

„In Frankreich", sagte ich, „verstehen sie sich besser darauf."

„Sie sind in Frankreich gewesen?" fragte der Herr und wandte sich plötzlich mit dem höflichsten Triumph von der Welt mir zu. Sonderbar, sagte ich mir, indem ich über die Sache nachdachte, daß eine Seereise von einundzwanzig Meilen – denn es ist nicht einen Schritt weiter von Dover bis Calais – einem Mann das Recht dazu geben soll. Ich will's selbst sehen. Und so, ohne ein Wort zu erwidern, ging ich geradewegs nach Hause, packte ein halbes Dutzend Hemden und eine schwarzseidene Hose ein – „Der Rock, den ich anhabe", sagte ich und sah auf den Ärmel, „ist gut genug" –, bezahlte einen Platz in der Postkutsche nach Dover und saß, da das Paketboot am folgenden Morgen um neun Uhr abging, schon um drei Uhr, ein Hühnerfrikassee vor mir auf dem Tisch, so unleugbar in Frankreich, daß, wäre ich noch dieselbe Nacht an einer Verdauungsstörung gestorben, die ganze Welt den Lauf der *Droits d'aubaine*** nicht hätte aufhalten können; meine Hemden und schwarzseidene Hose, der Mantelsack und alles andere wären dem König von Frankreich anheimgefallen, ja selbst das kleine Bild, das ich so lange getragen und, wie ich dir, Eliza, oft gesagt habe, mit in mein Grab nehmen wollte, hätten sie mir vom Hals gerissen. Wie ungroßmütig, sich

---

* Kraft dieses Gesetzes wird die gesamte Habe eines Fremden (Schweizer und Schotten ausgenommen), der in Frankreich stirbt, beschlagnahmt, auch wenn der Erbe gegenwärtig ist. Da diese zufälligen Einkünfte verpachtet sind, ist an keine Entschädigung zu denken.

der Trümmer eines treuherzigen Reisenden zu bemächtigen, den Ihre Untertanen in Ihr Land gelockt haben! Beim Himmel, Sire, das ist gar nicht recht; und es tut mir sehr leid, daß ich das dem Herrscher eines so zivilisierten, so höflichen und wegen seiner Menschlichkeit und feinen Empfindungen so berühmten Volkes sagen muß.

Doch ich habe ja kaum einen Fuß in Ihr Reich gesetzt ...

Calais

Als ich mein Mittagsmahl beendet und auf die Gesundheit des Königs von Frankreich getrunken hatte, um mich selbst zu überzeugen, daß ich keinen Groll gegen ihn hegte, sondern vielmehr eine große Hochachtung vor der Menschlichkeit seiner Gesinnung empfand, war ich infolge dieser Aussöhnung einen Zoll größer, als ich aufstand.

„Nein", sagte ich, „die Bourbonen sind keineswegs grausam: Man kann sie zwar ebensogut mißleiten wie andere Menschen, aber sie haben eine angeborene Mildherzigkeit." Sowie ich dieses bekannte, fühlte ich, daß sich auf meinen Wangen eine feinere, wärmere und menschenfreundlichere Röte ausbreitete, als der Burgunder (wenigstens nicht der, den ich getrunken hatte, die Flasche zu zwei Livre) hätte erzeugen können.

„Gütiger Gott!" sagte ich und stieß meinen Mantelsack mit dem Fuß beiseite, „was sind die Güter dieser Welt, daß sie unser Gemüt so verbittern und so viele unserer gutherzigen Brüder dahin bringen können, sich so grausam zu entzweien, wie es hin und wieder geschieht?"

Wenn der Mensch mit den Menschen in Frieden lebt, wieviel leichter als eine Feder wiegt alsdann das schwerste von allen Metallen in seiner Hand! Er zieht seinen Geldbeutel hervor, hält ihn leicht und sorglos in der Hand, blickt sich um, als ob er einen Gegenstand suchte, mit dem er teilen könne. Als ich dies tat, fühlte ich, daß sich jedes Gefäß in meinem Körper erweiterte; die Arterien schlugen alle ganz munter, und jede Kraft, die das Leben erhält, verrichtete ihr Geschäft so reibungslos, daß es die größte *physikalische Preziöse* in Frankreich in Erstaunen gesetzt hätte: trotz all ihrem Materialismus hätte sie mich kaum eine Maschine nennen können.

Ich bin sicher, sagte ich bei mir selbst, daß ich sie in ihrem Glauben irremachen könnte.

Das Auftauchen dieser Idee erhob in diesem Augenblick die Natur zu der höchsten Höhe, die sie nur erreichen konnte. Mit der Welt hatte ich schon vorher Frieden geschlossen, und dies besiegelte den Pakt mit mir selbst.

„Wäre ich nun König von Frankreich", rief ich, „welch ein Augenblick für eine Waise, die mich um ihres Vaters Mantelsack zu bitten hätte!"

Der Mönch

Calais

Kaum hatte ich diese Worte gesagt, als ein armer Franziskaner ins Zimmer trat, mich um ein Almosen für sein Kloster anzusprechen. Niemand hat gern, daß seine Tugenden ein Spiel des Zufalls sind, oder ein Mann ist vielleicht großmütig, während ein anderer vermögend ist – *sed non quo ad hanc* –, oder wie es sonst sein mag; denn es gibt noch keine richtige Untersuchung über die Ebbe und Flut unserer Laune: wer weiß, ob sie nicht aus den gleichen Ursachen entsteht wie die Gezeiten selbst. Es würde uns oft nicht wenig zustatten kommen, diese Hypothese anzunehmen; mir wäre es jedenfalls in manchen Fällen viel angenehmer, wenn die Welt sagen könnte, ich hätte einen Handel mit dem Mond gehabt, wobei es weder Sünde noch Schande gegeben habe, als daß sie etwas, worin so vieles von beiden war, ganz allein mir zur Last legen sollte.

Doch dem sei, wie ihm wolle. Im selben Augenblick, da ich ihn gewahr wurde, war ich entschlossen, ihm nicht einen Sou zu geben; und so steckte ich meinen Geldbeutel in die Tasche, knöpfte sie zu, richtete mich ein wenig mehr auf und ging gravitätisch auf ihn los. Es war, fürchte ich, etwas Gebieterisches in meinem Blick: noch in diesem Augenblick schwebt mir seine Gestalt vor den Augen, und ich meine, sie hatte etwas an sich, was eine bessere Behandlung verdient hätte.

Soviel ich aus den Spuren der ehemaligen Tonsur urteilte – ein paar schüttere weiße Haare über den Schläfen war alles, was davon übriggeblieben war –, mochte der Mönch ungefähr siebzig Jahre alt sein, aber nach den Augen und dem Feuer in ihnen, das mehr durch freundliche Höflichkeit als durch Alter gemildert zu sein schien, konnte er nicht älter sein als sechzig. Die Wahrheit mochte in der Mitte liegen. Er war gewiß fünfundsechzig; und seine Mienen und Gesichtszüge überhaupt, obgleich irgend etwas noch vor der Zeit Falten hineingewirkt zu haben schien, entsprachen dieser Berechnung.

Es war einer von den Köpfen, die Guido so oft gemalt hat – sanft, blaß, scharfsichtig, frei von der üblichen Andeutung jener behäbigen, selbstzufriedenen Unwissenheit, die immer mit dem Blick an der Erde klebt. Er blickte geradeaus, aber er sah aus, als ob er nach etwas jenseits dieser Welt Ausschau hielte. Wie ein Franziskaner zu diesem Kopf kam, das weiß der Himmel, der ihn auf eines Mönches Schultern fallen ließ, am besten; er würde gewiß einem Brahmanen gut gestanden haben, und wäre ich dem Kopf in den Ebenen Hindostans begegnet, ich hätte ihm meine Ehrerbietung erwiesen.

Seine übrige Erscheinung mag durch ein paar Züge angedeutet werden: Man kann sie jeder Hand zum Abzeichnen anvertrauen, denn sie war nicht besonders elegant oder sonst etwas, soweit sie nicht durch Charakter und Ausdruck dazu gemacht wurde. Es war eine dünne, karge Gestalt, etwas über die gewöhnliche Länge, sofern sie nicht auch dieses Unterscheidungsmerkmal dadurch verlor, daß sie leicht vornübergebeugt stand. Doch dies war eine bittende Haltung, und wie sie jetzt vor meinem Gedächtnis steht, gewann sie dadurch mehr, als sie verlor.

Als er drei Schritte ins Zimmer getan hatte, stand er still und legte die linke Hand auf die Brust (einen langen weißen Stock, den er als Wanderstab benutzte, hielt er in der Rechten). Als ich mich ihm genähert hatte, stellte er sich vor mit einem kleinen Bericht von den Bedürfnissen seines Klosters und der Armut seines Ordens, und er tat es mit einer so ungekünstelten Anmut, und in seiner ganzen Miene lag so viel Bescheidenheit, daß ich verhext sein mußte, weil es mich nicht rührte...

Der eigentliche Grund war wohl, daß ich beschlossen hatte, ihm nicht einen einzigen Sou zu geben.

Der Mönch

Calais

„Das ist wohl wahr", sagte ich als Antwort auf einen in die Höhe gerichteten Blick, mit dem er seine Rede schloß. „Das ist wohl wahr, und der Himmel tröste die, welche keine andere Hilfe haben als die Mildtätigkeit der Welt, deren Kapital, wie ich fürchte, bei weitem nicht ausreicht, um die *großen Ansprüche*, die stündlich daran gestellt werden, zu befriedigen."

Als ich die Worte „große Ansprüche" aussprach, ließ er einen leichten Blick auf den Ärmel seines Ordensgewandes fallen. Ich fühlte die ganze Macht dieses Appells. „Ich gebe zu", sagte ich, „ein Gewand von so grobem Tuch, und nur alle drei Jahre ein neues, dazu die magere Kost - das ist nicht viel; aber da man das mit so geringem Fleiß in der Welt erwerben kann, liegt das eigentlich Bedauerliche darin, daß Ihr Orden sich zu dem Vorrat drängen möchte, der das Eigentum der Lahmen, der Blinden, der Alten und der Schwachen ist, um sich diese Dinge zu verschaffen. Der Gefangene, der auf seinem harten Lager immer wieder die Tage seiner Leiden zählt, schmachtet gleichfalls nach seinem Anteil; und wären Sie vom Orden der Barmherzigen Brüder und nicht vom Orden des heiligen Franziskus, dann hätte ich, so arm ich bin", fuhr ich fort und zeigte auf meinen Mantelsack, „ihn mit Freuden zur Befreiung der Unglücklichen geöffnet." Der Mönch machte mir eine Verbeugung. „Aber vor allen andern", sagte ich weiter, „haben unstreitig die Unglücklichen unter meinen eigenen Landsleuten das erste Recht; und ich habe in meinem Vaterland Tausende im Elend zurückgelassen." Der Mönch nickte ganz treuherzig mit dem Kopf, als ob er sagen wollte: Zweifellos ist in jedem Winkel der Welt Elend genug, genauso wie in unserm Kloster. „Wir machen aber einen Unterschied", sagte ich und legte meine Hand auf den Ärmel seines Gewandes, um seinen Appell zu beantworten, „wir machen einen Unterschied, mein ehrwürdiger Pater, zwischen denen, welche bloß das Brot ihres Fleißes essen wollen, und jenen, die anderer Leute Brot verzehren und keine andere Absicht in ihrem Leben haben, als es *um Gottes willen* in Trägheit und Unwissenheit hinzubringen."

Der arme Franziskaner antwortete nichts. Eine schnelle Röte schoß durch seine Wangen, doch ohne einen Augenblick zu verweilen. Bei ihm schien die Natur ihre Empfindlichkeit abgelegt zu haben; er verriet keine, sondern ließ seinen Stab in seinen Arm fallen, drückte voll Ergebenheit beide Hände an die Brust und begab sich hinweg.

DER MÖNCH

Calais

Als er die Tür zugemacht hatte, fühlte ich einen Stich in meinem Herzen. „Pah!" sagte ich dreimal mit scheinbar gleichgültiger Miene, aber es wollte nichts helfen. Eine jede unfreundliche Silbe, die ich ausgesprochen hatte, drängte sich wieder in meine Vorstellung. Ich überlegte, daß ich gegenüber dem armen Franziskaner kein anderes Recht hatte, als ihm seine Bitte abzuschlagen, und daß eine unerfüllte Erwartung schon an sich, ohne den Zusatz von unfreundlichen Worten, Strafe genug sei. Ich dachte an sein graues Haar. Seine liebenswürdige Gestalt schien wieder hereinzutreten und mich sanft zu fragen, was er mir zuleide getan habe und warum ich ihn so hart behandeln konnte. Ich hätte zwanzig Livre für einen Fürsprecher gegeben. Ich habe mich sehr schlecht aufgeführt, sagte ich zu mir selbst; doch das ist ja erst der Beginn meiner Reise, und ich werde künftig schon noch bessere Manieren lernen.

DIE DÉSOBLIGEANTE

Calais

Einen Vorteil hat es wenigstens, wenn ein Mann mit sich selbst unzufrieden ist – es versetzt ihn nämlich in eine ausgezeichnete Gemütsverfassung, wie sie zum Abschluß eines

Kaufs notwendig ist. Da nun zu der Reise durch Frankreich und Italien eine Chaise gehört und die Natur uns im allgemeinen nach unseren Bedürfnissen lenkt, ging ich zur Wagenremise, um ein solches Ding zu meiner Bequemlichkeit zu kaufen oder zu mieten. Eine alte *désobligeante**, die in einer Ecke des Hofes stand, stach mir beim ersten Anblick in die Augen; ich stieg sofort hinein, und da ich fand, daß sie so ziemlich mit meiner Gemütsverfassung übereinstimmte, befahl ich dem Wärter, er solle Monsieur Dessein, den Besitzer des Hotels, rufen. Aber weil Monsieur Dessein zur Vesper gegangen war und weil ich den Franziskaner, dem ich jetzt nicht begegnen wollte, am andern Ende des Hofes im Gespräch mit einer Dame, die eben im Gasthof angelangt war, erblickte, zog ich den Taftvorhang zwischen uns, und da ich doch willens war, meine Reise zu beschreiben, zog ich Feder und Tinte hervor und schrieb die Vorrede in der *désobligeante*.

VORREDE IN DER DÉSOBLIGEANTE

Schon mancher peripatetische Philosoph muß bemerkt haben, daß die Natur aus ihrer eigenen unstreitigen Macht und Gewalt um das Mißvergnügen des Menschen gewisse Grenzen und Zäune gezogen hat, die es nicht überschreiten darf. Sie hat ihr Ziel auf die leichteste und bequemste Weise dadurch erreicht, daß sie ihm die fast unerfüllbare Verpflichtung auferlegt hat, in seinem Vaterland sowohl seine Wohlfahrt zu befördern als auch seine Leiden zu ertragen. Nur dort hat sie ihn mit den geeignetsten Gegenständen versorgt, die mit ihm sein Glück empfinden oder einen Teil von der Last auf sich nehmen können, welche in allen Län-

---

* Ein Reisewagen, den man deswegen in Frankreich so nennt, weil nur eine Person darin sitzen kann.

dern und zu allen Zeiten für ein einzelnes Paar Schultern zu schwer gewesen ist. Es ist wahr, wir sind mit der unvollkommenen Fähigkeit begabt, zuweilen unser Glück über diese Grenzlinie hinaus auszudehnen; doch der Mangel an Sprachkenntnissen, Verbindungen und Bekanntschaften und der Unterschied in der Erziehung, den Sitten und den Gewohnheiten bilden so viele Hindernisse, unsere Empfindungen außerhalb unserer Sphäre mitzuteilen, daß sie oft eine völlige Unmöglichkeit ausmachen.

Hieraus muß natürlich folgen, daß die Bilanz des empfindsamen Handels stets für denjenigen ungünstig ausfällt, der ihn in fremden Ländern treibt: Er muß das, was er eigentlich nicht braucht, zu einem Preis kaufen, den die Einheimischen vorschreiben; selten werden sie seine Konversation gegen die ihrige einwechseln, ohne ihm einen hohen Diskont zu berechnen, und wenn ihn dies schließlich dahin bringt, sich gänzlich den Händen der billigeren Makler anzuvertrauen, um Konversation zu treiben, wie sie gerade zu haben ist, so braucht man keinen großen Wahrsagergeist, um zu erraten, auf welcher Seite der Vorteil liegt.

Dies bringt mich zu meinem Punkt und leitet mich natürlich (wenn ich nur bei dem Schaukeln dieser *désobligeante* fortfahren kann) sowohl zu den wirkenden Ursachen als auch zu den Endzwecken des Reisens...

Wenn untätige Leute ihr Heimatland verlassen und mit Grund oder Gründen auf Reisen gehen, so kann man diese aus einer der folgenden allgemeinen Ursachen herleiten:

Gebrechlichkeit des Körpers,
Schwachheit des Geistes oder
Unumgängliche Notwendigkeit.

Unter die beiden ersten fallen alle Reisende zu Wasser und zu Lande, die an Hochmut, Neugierde, Eitelkeit oder Milzsucht leiden, welche Gebrechen sich *in infinitum* unterteilen und kombinieren lassen.

Die dritte Gruppe umfaßt das ganze Heer der wandernden Märtyrer, ganz besonders diejenigen, welche mit dem Vorrecht des Klerus ihre Reisen antreten, entweder als Verbrecher unter der Aufsicht von Hofmeistern, welche die Obrigkeit empfiehlt, oder als junge Herren, die von ihren grausamen Eltern oder Vormündern verbannt werden und unter der Aufsicht von Hofmeistern reisen, die von den Universitäten Oxford, Aberdeen und Glasgow empfohlen wurden.

Es gibt noch eine vierte Gruppe; ihre Zahl ist aber so gering, daß sie keine besondere Abteilung verdiente, wenn nicht ein Werk wie dieses die größte Genauigkeit und Exaktheit erforderte, um jede Verwechslung der einzelnen Typen auszuschließen. Und die Männer, von denen ich rede, sind jene, die übers Meer gehen und sich in einem fremden Land aufhalten mit der Absicht, aus verschiedenen Gründen und unter verschiedenen Vorwänden Geld zu sparen; doch da sie sowohl sich als auch anderen Leuten sehr viel unnötige Mühe ersparen könnten, wenn sie ihr Geld zu Hause sparen wollten, und da ihre Gründe fürs Reisen einfacher sind als die aller übrigen Emigranten, so nenne ich diese Herren

Simple Reisende.

Somit kann man den ganzen Kreis der Reisenden unter folgende wenige Rubriken bringen:

Müßige Reisende,
Neugierige Reisende,
Lügenhafte Reisende,
Aufgeblasene Reisende,
Eitle Reisende,
Milzsüchtige Reisende.

Dann folgen
Die Reisenden aus Notwendigkeit,
Der kriminelle und verbrecherische Reisende,

Der unglückliche und unschuldige Reisende,
Der simple Reisende,

Und ganz zuletzt (wenn Sie gestatten) der empfindsame Reisende, womit ich mich selbst meine, der ich – und ich sitze nun da, um davon Rechenschaft abzulegen – ebensogut aus *Notwendigkeit* und *besoin de voyager* gereist bin wie irgendeiner aus der Gruppe.

Ich bin mir freilich gleichzeitig bewußt, daß ich, da sowohl meine Reisen als auch meine Bemerkungen von den Reisen und Bemerkungen aller meiner Vorgänger sehr verschieden sein werden, darauf hätte bestehen können, für mich allein eine eigene Nische einzunehmen. Jedoch ich könnte dem *eitlen* Reisenden ins Gehege kommen, wenn ich die Aufmerksamkeit auf mich ziehen wollte, bevor ich bessere Gründe dazu habe als die bloße *Neuheit meines Vehikels*.

Es genügt, daß mein Leser, wenn er selbst gereist ist, durch ernstliche Überlegung des Voraufgehenden befähigt werden kann, sich seinen eigenen Rang und Platz in dem Verzeichnis anzuweisen. Das wird ein Schritt zu seiner Selbsterkenntnis sein; denn man kann zehn gegen eins wetten, daß er bis auf diese Stunde noch einen kleinen Anstrich und eine kleine Ähnlichkeit von dem an sich hat, was er auf Reisen aufgenommen oder nach Hause gebracht hat.

Der Mann, der zuerst die burgundische Traube auf das Kap der Guten Hoffnung verpflanzte (man beachte, daß er ein Holländer war), ließ sich's nicht träumen, daß er den gleichen Wein auf dem Kap trinken könne, den die gleiche Traube auf den französischen Hügeln ergibt – dazu war er zu phlegmatisch –, aber unstreitig erwartete er, ein weinartiges Getränk trinken zu können; ob es indessen gut, schlecht oder mittelmäßig sei – soviel wußte er nun wohl von dieser Welt, daß dies nicht von seinem Willen abhing, sondern daß das, was man gewöhnlich *Zufall* nennt, den Ausschlag geben würde. Indessen hoffte er das Beste; und in dieser Hoffnung, bei einem unermeßlichen Vertrauen zu der Stärke seines Kopfes und der Größe seiner Besonnenheit, konnte *Mynheer* in seinem neuen Weinberg leicht beides in Grund und Boden trinken und dann, als er seine Hilflosigkeit zu erkennen gab, von seinen Leuten ausgelacht werden.

Geradeso ergeht es dem armen Reisenden, der durch die gesitteten Königreiche dieses Erdballs segelt und kutschiert, um Kenntnisse und Wissenschaften zu erlangen.

Wissenschaften und Kenntnisse sind allerdings zu erlangen, wenn man zu diesem Zweck umhersegelt und -kutschiert; ob aber nützliche Kenntnisse und wahre Wissenschaften, das ist ein Lotteriespiel. Und auch dann noch, wenn der Spieler ein gutes Los zieht, muß die erlangte Summe mit Umsicht und Maß verwendet werden, falls man irgendeinen Gewinn erzielen will. Da es aber sowohl in bezug auf das Erlangen als auch auf die Verwendung immer viel weniger Treffer als Nieten gibt, so bin ich der Meinung, daß ein Mann ebenso weise handeln würde, wenn er es über sich brächte, ohne ausländische Kenntnisse und ohne ausländische Wissenschaften zufrieden zu leben, zumal in einem Land, wo es an beidem nicht völlig mangelt. Und es hat mir tatsächlich oft und vielmals im Herzen weh getan, wenn ich bemerkt habe, wie manchen scheußlichen Weg der neugierige Reisende hat durchwaten müssen, um Sehenswürdigkeiten zu besichtigen und Entdeckungen kennenzulernen, die er sämtlich, wie Sancho Pansa zu Don Quijote sagte, daheim trockenen Fußes hätte sehen können. Wir leben in einem Jahrhundert so voller Licht, daß es schwerlich ein Land oder einen Winkel in Europa geben wird, dessen Strahlen sich nicht mit anderen kreuzen und vermischen. Die Gelehrsamkeit in den meisten Zweigen und in den meisten Bereichen ist wie eine Gassenmusik in einer italienischen Stadt, die jeder genießen kann, auch ohne zu bezahlen. Nun aber ist keine Nation unter der Sonne – und

Gott (vor dessen Richterstuhl ich eines Tages kommen werde, um von diesem Buch Rechenschaft abzulegen) ist mein Zeuge, daß ich es nicht aus Ruhmredigkeit sage –, nun ist aber keine Nation unter der Sonne, die mannigfaltigere Arten von Gelehrsamkeit aufzuweisen hat, wo man die Wissenschaften besser pflegen und sicherer erwerben kann als hier, wo die Künste so gefördert werden und so bald emporkommen, wo die Natur (im ganzen genommen) so wenig zu verantworten hat und wo es, mit einem Wort, mehr Witz und abwechslungsreiche Charaktere zur Unterhaltung des Geistes gibt . . . „Meine lieben Landsleute, wohin gehen Sie denn?"

„Wir sehen uns nur diese Chaise an", sagten sie. „Ihr gehorsamster Diener", sagte ich, indem ich aus dem Wagen sprang und den Hut abnahm. „Wir konnten nicht begreifen", sagte der eine, der, wie ich fand, ein *neugieriger Reisender* war, „woher es kam, daß sie sich so bewegte." – „Es war", sagte ich kühl, „die Bewegung, die beim Schreiben einer Vorrede entsteht." – „Ich habe in meinem ganzen Leben", sagte ein anderer, der ein *simpler Reisender* war, „noch von keiner Vorrede gehört, die in einer *désobligeante* geschrieben worden wäre!" – „Ja, in einem *vis-à-vis** wär's wohl besser gewesen", entgegnete ich.

Weil ein Engländer nicht deswegen reist, um Engländer zu sehen, zog ich mich auf mein Zimmer zurück.

Calais

Als ich über den Gang zu meinem Zimmer ging, bemerkte ich mehr Schatten, als ich allein werfen konnte; es war auch wirklich Monsieur Dessein, der Besitzer des

* Leichter Wagen mit einem Vordersitz und zwei Rücksitzen (Anmerkung des Übersetzers).

Hotels, der eben aus der Vesper gekommen war und mit dem Hut unterm Arm mir sehr höflich folgte, um mich daran zu erinnern, daß ich einen Wagen nötig hätte. Ich hatte mir die Sache mit der *désobligeante* so ziemlich aus dem Kopf geschlagen, und da Monsieur Dessein mit Achselzucken davon sprach, als ob sie gar nichts für mich wäre, kam mir sogleich der Gedanke, daß sie irgendeinem *unschuldigen Reisenden* gehören müsse, der sie auf seiner Rückreise dem ehrlichen Monsieur Dessein anvertraut habe, damit dieser sie so gut wie möglich verkaufe. Vier Monate waren verflossen, seitdem sie ihre Laufbahn durch Europa in einem Winkel von Monsieur Desseins Hof vollendet hatte, und da sie beim Antritt derselben bloß von neuem instand gesetzt worden war, so hatte sie, obgleich sie am Mont Cenis zweimal auseinandergenommen wurde, bei allen Abenteuern doch wenig gewonnen, bei keinem indessen weniger als bei dem letzten, da sie so viele Monate ohne alle Barmherzigkeit in einer Ecke von Monsieur Desseins Hof herumstehen mußte. Freilich konnte man nicht viel zu ihren Gunsten sagen – etwas aber doch, und wenn schon ein paar Worte ihr Elend lindern können, so hasse ich den Mann, der damit knausern kann.

„Sehen Sie, wenn ich der Besitzer dieses Hotels wäre", sagte ich und legte die Spitze meines Zeigefingers auf Monsieur Desseins Brust, „so würde ich gewiß mein möglichstes tun, um diese arme *désobligeante* an den Mann zu bringen. Sooft Sie an ihr vorübergehen, schaukelt sie Ihnen Vorwürfe zu."

„*Mon Dieu!*" sagte Monsieur Dessein. „Was geht's mich an?" – „Erlauben Sie, Monsieur Dessein", versetzte ich. „Personen von einer gewissen Denkungsart geht ihr eigenes Gefühl schon etwas an. Ich bin überzeugt, daß einem Mann, der an andere ebensoviel denkt wie an sich selbst – leugnen Sie es, soviel Sie wollen –, eine jede regnerische Nacht das Gemüt beunruhigen muß. Monsieur Dessein, Sie leiden genauso wie der Wagen."

Ich habe immer wieder beobachtet, wenn in einem Kompliment ebensoviel *Saures* wie *Süßes* ist, so weiß ein Engländer niemals, ob er es verstehen oder nicht verstehen soll. Ein Franzose hilft sich gleich: Monsieur Dessein machte mir einen Bückling.

„*C'est bien vrai*", sagte er. „In diesem Fall aber würde ich nur eine Unruhe mit der andern vertauschen und dabei verlieren. Bedenken Sie selbst, mein wertester Herr, wenn ich Ihnen eine Chaise gäbe, die auf dem halben Weg nach Paris in Stücke fiele ... Bedenken Sie selbst, wieviel ich leiden würde, wenn ich einem so rechtschaffenen Mann eine schlechte Meinung von mir beibringen und – was unvermeidlich wäre – von der Barmherzigkeit *d'un homme d'esprit* abhängen müßte."

Die Pille war genau nach meinem eigenen Rezept gemacht; ich konnte also nicht umhin, sie hinunterzuschlucken. Ich gab Monsieur Dessein seinen Bückling zurück, und ohne fernere Kasuisterei gingen wir zusammen zu seiner Remise, um uns seinen Bestand an Chaisen anzusehen.

Auf der Strasse

Calais

Es muß doch eine feindselige Art von Welt sein, in welcher der Käufer (wäre es auch nur der einer lumpigen Postchaise) nicht mit dem Verkäufer über die Straße gehen kann, um den Handel abzuschließen, ohne in die gleiche Gemütsverfassung zu geraten oder seinen Geschäftspartner mit den gleichen Augen anzusehen, als ob er mit ihm auf dem Weg nach Hyde Park Corner wäre, um sich dort zu duellieren. Ich meinesteils, der ich ein schlechter Fechter und Monsieur Dessein in keiner Weise gewachsen bin, ich fühlte in mir selbst alle die kreisenden Bewegungen, die eine solche

Situation hervorzubringen pflegt. Ich betrachtete Monsieur Dessein, als ob ich durch ihn hindurchsehen wollte, beäugte ihn beim Gehen bald im Profil, bald *en face*, dachte, er sehe aus wie ein Jude, dann wie ein Türke, konnte seine Perücke nicht ausstehen, verfluchte ihn, wünschte ihn zum Teufel.

Und alles das muß in dem Herzen auflodern wegen einer lumpigen Rechnung von drei oder vier Louisdor? Denn das ist doch der höchste Betrag, um den ich dabei überfordert werden kann. „Niedrige Leidenschaft!" sagte ich und drehte mich herum, wie man bei einer plötzlich veränderten Empfindung zu tun pflegt. „Niedrige, unmenschliche Leidenschaft! Deine Hand ist gegen jedermann und jedermanns Hand gegen dich gerichtet!" – „Das verhüte der Himmel!" sagte sie und hob die Hand an die Stirn, denn ich hatte gerade gegen die Dame Front gemacht, die ich mit dem Mönch hatte reden sehen. Sie war uns unbemerkt gefolgt. „Das verhüte der Himmel freilich!" sagte ich und bot ihr meine Hand. Sie trug ein Paar schwarzseidene Handschuhe, die nur am Daumen und an den beiden Zeigefingern offen waren: also nahm sie meine Hand ohne Weigerung an, und ich führte sie zu der Tür der Wagenremise.

Monsieur Dessein hatte mehr als fünfzigmal den Schlüssel *diabliert*, ehe er merkte, daß er einen falschen ergriffen und mitgebracht hatte. Wir warteten ebenso ungeduldig wie er auf das Öffnen und blickten so aufmerksam auf das Hindernis, daß ich beständig ihre Hand hielt, fast ohne es zu wissen, dergestalt, daß uns Monsieur Dessein, ihre Hand in der meinigen, mit unseren Gesichtern gegen die Remisentür gekehrt, verließ und sagte, in fünf Minuten wolle er wieder dasein.

Nun ist eine Unterhaltung von fünf Minuten in einer solchen Situation ebensoviel wert wie eine von ebenso vielen Jahrhunderten, in der man das Gesicht der Straße zuwendet: im letzteren Fall nimmt man den Gesprächsstoff von den Gegenständen und Begebenheiten außerhalb; wenn man aber die Augen auf eine tote Wand geheftet hat, nimmt man ihn bloß aus sich selbst. Ein Stillschweigen von einem einzigen Augenblick, nachdem uns Monsieur Dessein verlassen hatte, wäre in dieser Situation fatal gewesen – die Dame hätte sich unfehlbar umgedreht; deshalb begann ich unverzüglich die Konversation.

Welche Versuchungen mich aber dabei heimsuchten (da ich nicht schreibe, um die Schwachheiten meines Herzens auf dieser Reise zu verteidigen, sondern zu erzählen), soll ebenso ungeschminkt beschrieben werden, wie ich sie damals fühlte.

Die Remisentür

Calais

Als ich dem Leser sagte, daß ich deswegen nicht gern aus der *désobligeante* steigen wollte, weil ich den Mönch in einem vertraulichen Gespräch mit einer eben angekommenen Dame begriffen sah, da sagte ich ihm die Wahrheit; aber die ganze Wahrheit sagte ich ihm nicht, denn sowohl das Aussehen als auch die Gestalt der Dame, mit der er sprach, hielten mich zurück. Ein Argwohn flog mir durchs Gehirn und sagte mir, er erzähle ihr, was zwischen uns vorgegangen war; das hatte mich verstimmt. Ich wünschte, er wäre in seinem Kloster.

Wenn das Herz dem Verstand zuvorkommt, erspart es der Urteilskraft unglaublich viel Mühe. Ich war überzeugt, daß sie einer besseren Kategorie von Geschöpfen angehörte; gleichwohl dachte ich nicht mehr an sie, sondern fuhr fort, meine Vorrede zu schreiben.

Der Eindruck wurde wieder lebendig, als ich sie auf der Straße abermals traf; die gelassene Freimütigkeit, mit der sie mir die Hand gab, zeugte, wie mich dünkte, von ihrer guten Lebensart und von ihrem Verstand; und als ich sie führte, fühlte ich in ihrem Wesen eine so liebliche Lenksamkeit, daß sich über mein ganzes Gemüt Ruhe und Heiterkeit verbreiteten.

Gütiger Gott! Wie gern würde ein Mann ein Geschöpf wie dieses mit sich durch die ganze Welt führen!

Ich hatte ihr Gesicht noch nicht gesehen, doch das war nicht wesentlich; denn das Bild wurde sofort in Angriff genommen, und lange bevor wir zu der Remisentür gekommen waren, hatte die *Phantasie* den ganzen Kopf vollendet und freute sich ebensosehr darüber, daß er ihrer Göttin so gut stand, wie wenn sie ihn vom Grund des Tibers heraufgeholt hätte. Aber du bist eine verführte und verführerische Dirne, und obgleich du uns siebenmal am Tage mit deinen Bildern und Gemälden hintergehst, so tust du es doch mit so viel Anmut, und du weißt deine Porträts mit so viel lichten Engelsgestalten zu schmücken, daß es eine Schande wäre, mit dir zu brechen.

Als wir zu der Remisentür gekommen waren, zog sie ihre Hand von der Stirn weg und ließ mich das Original sehen. Es war ein Gesicht von ungefähr sechsundzwanzig, von einem hellen, durchsichtigen Braun, schlicht aufgemacht ohne Schminke und Puder. Es war, kritisch betrachtet, nicht eigentlich schön, aber es hatte das, was mich in der Gemütsverfassung, in der ich war, viel mehr reizte: es war anziehend. Ich bildete mir ein, es trüge die Merkmale des Witwenstandes, und zwar in dem Stadium des Abnehmens, wenn die beiden ersten Anfälle von Betrübnis vorüber sind und sie nun gelassen anfängt, sich mit dem Verlust abzufinden. Doch hätten auch tausend andere Arten von Kummer die gleichen Linien ziehen können; ich hätte gerne gewußt, wie sie eigentlich entstanden waren, und war bereit, mich danach zu erkundigen (hätte es jener *bon ton* der Konversation erlaubt, der zu Esdras Zeiten Mode war): *Was fehlet dir? Und warum bist du so bekümmert? Und warum ist deine Seele beunruhigt?* Mit einem Wort, ich fühlte ein Wohlwollen ihr gegenüber und beschloß, auf die eine oder andere Art mein Scherflein Ergebenheit, wo nicht wirkliche Dienstbeflissenheit, beizutragen.

Das waren meine Versuchungen, und in dieser Verfassung, in der man ihnen so gerne nachgibt, ließ man mich allein mit der Dame, ihre Hand in der meinigen und unsere beiden Gesichter der Remisentür zugekehrt, näher, als unumgänglich notwendig war.

Die Remisentür

Calais

„Gewiß, schöne Dame", sagte ich und hob ihre Hand ein wenig in die Höhe, als ich begann, „dies ist eine von den launischen Fügungen des Glücks: Zwei völlig Unbekannte verschiedenen Geschlechts und vielleicht aus den entgegengesetzten Winkeln der Erde bei der Hand zu nehmen und sie sogleich in eine so herzlich vertraute Situation zu versetzen, wie sie selbst die Freundschaft nicht hätte zuwege bringen können, hätte sie auch einen ganzen Monat darauf gesonnen."

„Und Ihre Betrachtung darüber, Monsieur, zeigt, wie sehr Sie durch diesen Zufall in Verlegenheit gebracht worden sind.

Wenn eine Situation so ist, wie wir sie uns wünschen, so ist nichts so fehl am Platz wie Anspielungen auf die Umstände, die sie herbeigeführt haben. Sie danken dem Glück", fuhr sie fort, „Sie hatten recht – das Herz wußte es und war zufrieden; und niemand als ein englischer Philosoph hätte dem Verstand Nachricht davon gegeben, um das Urteil abändern zu lassen."

Als sie dies sagte, zog sie ihre Hand mit einem Blick zurück, den ich für eine hinlängliche Erklärung des Textes hielt.

Es ist ein armseliges Bild, das ich hier von der Schwachheit meines Herzens gebe, indem ich gestehe, daß es eine Betrübnis fühlte, die würdigere Anlässe nicht hätten erzeugen können. Ich war bekümmert über den Verlust ihrer Hand, und die Art, wie ich sie verloren hatte, goß weder Wein noch Öl in die Wunde; nie in meinem Leben habe ich einen so jämmerlichen Schmerz über meine einfältige Verlegenheit gespürt.

Die Triumphe eines echten weiblichen Herzens über dergleichen Niederlagen sind kurz. In ganz wenigen Sekunden legte sie die Hand auf den Aufschlag meines Rocks, um ihre Antwort fortzusetzen; und so gewann ich auf die eine oder andere Art, Gott weiß wie, meine Selbstsicherheit wieder.

Sie hatte nichts hinzuzufügen.

Ich überlegte mir augenblicklich eine andere Unterhaltung für die Dame; denn sowohl aus dem Inhalt als auch aus der Moral der bisherigen schloß ich, daß ich mich in ihrem Charakter geirrt haben mußte. Als sie aber ihr Gesicht mir zuwandte, war der Geist, von dem ihre Antwort beseelt wurde, verflogen, die Muskeln erschlafften, und ich sah wieder den gleichen arglosen Blick des Kummers, der mich für sie einnahm. Traurig, daß auf einem so seelenvollen Gesicht Kummer wohnen soll! Ich bedauerte sie aus tiefster Seele; und obgleich es einem abgestumpften Herzen recht lächerlich vorkommen mag – ich hätte sie in die Arme nehmen und sie auf offener Straße liebkosen können, ohne darüber zu erröten.

Der lebhafte Takt der Pulsadern in meinen Fingern, die

sich um die ihrigen schmiegten, sagte ihr, was in mir vorging: Sie sah zur Erde. Es folgte ein Schweigen von etlichen Augenblicken.

Ich muß in dieser Pause einige leichte Anstrengungen gemacht haben, ihre Hand fühlbarer zu drücken, wie ich nach einer feinen Bewegung, die ich in meiner eigenen Hand empfand, befürchtete – nicht, als ob sie die ihrige wegziehen wollte, sondern als ob sie es nur erwöge –, und ich hätte sie unweigerlich zum zweitenmal verloren, hätte nicht mehr Instinkt als Vernunft mir das letzte Hilfsmittel in dergleichen Gefahren an die Hand gegeben: sie lockerer zu halten, so als ob ich sie jeden Augenblick von selbst loslassen würde. Auf diese Art ließ sie mich gewähren, bis Monsieur Dessein mit dem Schlüssel zurückkam; und in der Zwischenzeit überlegte ich, wie ich die schlimmen Eindrücke wieder auslöschen könnte, welche die Geschichte des armen Mönchs, falls er sie ihr erzählt hatte, wider mich in ihre Brust gepflanzt haben mußte.

DIE SCHNUPFTABAKSDOSE

Calais

Der gute alte Mönch war nur sechs Schritte von uns entfernt, als mir der Gedanke an ihn durch den Kopf fuhr, und näherte sich uns in nicht ganz gerader Linie, als ob er nicht wüßte, ob er uns anreden sollte oder nicht. Er blieb gleichwohl, sobald er zu uns getreten war, ganz freimütig stehen; in der Hand hatte er eine Schnupftabaksdose aus Horn, die er mir offen hinhielt. „Sie sollen meinen versuchen", sagte ich, indem ich meine Dose hervorzog (es war eine kleine aus Schildpatt) und sie ihm in die Hand gab. „Er ist ganz hervorragend", sagte der Mönch. „So tun Sie mir den Gefallen", versetzte ich, „und behalten Sie die Dose samt dem Tabak; und wenn Sie zuweilen eine Prise daraus nehmen, so erinnern Sie sich, daß Sie sie als Versöhnungszeichen von einem Mann angenommen haben, der Ihnen einst unfreundlich begegnet ist, allerdings nicht in böser Absicht."

Der arme Mönch wurde so rot wie Scharlach. „*Mon Dieu!*" sagte er und schlug die Hände zusammen. „Sie sind mir nie unfreundlich begegnet." – „Ich würde ihm das nicht zutrauen", sagte die Dame. Nun errötete ich, über welche innere Bewegung aber, das mögen die wenigen beurteilen, die ihre Empfindungen zu analysieren wissen. „Verzeihen Sie, Madame", versetzte ich. „Ich habe ihn sehr hart behandelt, und zwar ohne Ursache." – „Das ist unmöglich", sagte die Dame. „Mein Gott!" rief der Mönch mit einer Hitze der Beteuerung, die nicht zu ihm zu passen schien. „Die Schuld lag an mir und in der Unbesonnenheit meines Eifers." Die Dame widersprach dem, und ich behauptete mit ihr, es sei unmöglich, daß ein Mann von so gesetztem Wesen, wie er es besitze, jemanden beleidigen könne.

Ich wußte nicht, daß Streit eine so holde und angenehme Wirkung auf die Nerven ausüben kann, wie ich sie jetzt empfand. Wir schwiegen eine Zeitlang, ohne das geringste von jener törichten Ängstlichkeit zu fühlen, die sich einstellt, wenn man sich in einer Gesellschaft zehn Minuten lang ins Gesicht starrt, ohne ein Wort zu sagen. Während dieser Stille rieb der Mönch seine hörnerne Dose am Ärmel seines Gewandes, und sobald sie von dem Reiben einen gewissen Glanz bekommen hatte, machte er eine tiefe Verbeugung und sagte, man könne jetzt nicht mehr entscheiden, ob es die Güte oder die Schwachheit unserer Gemütsart gewesen sei, die uns in diesen Zwist verwickelt habe. Doch sei dem, wie ihm wolle, er bitte darum, wir möchten die Dosen tauschen. Als er das sagte, hielt er mit der einen Hand die seinige hin und nahm mit der andern die meinige;

und nachdem er diese geküßt hatte, wobei seine Augen vor Gutmütigkeit leuchteten, steckte er sie in seinen Busen und nahm Abschied.

Ich betrachtete diese Dose, wie ich die sichtbaren Mittel meiner Religion betrachte, um meinen Geist zu erheben. In der Tat gehe ich selten ohne sie auf Reisen, und sehr oft habe ich durch sie den sanften, gelassenen Geist ihres vorigen Besitzers beschworen, um den meinigen in den Kämpfen der Welt zu stärken. Dem seinigen hatten sie vollauf zu schaffen gemacht, wie ich aus seiner Geschichte erfuhr, bis er, da er für geleistete militärische Dienste schlechten Lohn fand und zu gleicher Zeit in der zärtlichsten Leidenschaft eine Enttäuschung erlebte, ungefähr in seinem fünfundvierzigsten Jahr dem Degen und dem schönen Geschlecht entsagte und weniger in seinem Kloster als in sich selbst Ruhe suchte.

Mein Herz ist beklommen, da ich hinzufügen muß, daß ich auf meiner letzten Reise durch Calais, als ich mich nach Pater Lorenzo erkundigte, erfuhr, daß er schon vor fast drei Monaten gestorben sei und daß er nicht in seinem Kloster, sondern nach seinem Wunsch auf einem dem Kloster gehörigen Friedhof, etwa zwei Meilen vor der Stadt, begraben liege. Ich hatte ein großes Verlangen zu sehen, wo sie ihn bestattet hätten. Als ich an seinem Grab saß, die kleine hörnerne Dose herauszog und ein paar Brennesseln am Kopfende des Grabs, die da nichts zu suchen hatten, ausriß, wirkte das alles so stark auf meine Empfindungen, daß ich in einen Strom von Tränen ausbrach. Doch ich bin so weichherzig wie ein Weib, und ich bitte die Welt, nicht zu lächeln, sondern mich zu bedauern.

Die Remisentür

Calais

Die ganze Zeit über hatte ich die Hand der Dame nicht losgelassen und hatte sie so lange gehalten, daß es unschicklich gewesen wäre, sie loszulassen, ohne sie vorher an meine Lippen zu drücken. Das Blut und die Lebensgeister, die sich von ihr abgewandt hatten, drängten sich wieder zu ihr, als ich es tat.

Als die beiden Reisenden, die mit mir im Hofraum gesprochen hatten, von ungefähr gerade in diesem wichtigen Augenblick vorbeigingen und unser Einverständnis bemerkten, setzten sie sich natürlich in den Kopf, daß wir wenigstens *Mann und Frau* sein müßten. Sie blieben also stehen, sobald sie an die Tür kamen, und einer von ihnen, der neugierige Reisende, fragte uns, ob wir am folgenden Morgen nach Paris fahren würden. Ich könne es nur für mich bejahen, sagte ich, und die Dame fügte hinzu, sie wolle nach Amiens. „Da haben wir gestern zu Mittag gegessen", sagte der simple Reisende. „Sie kommen mitten durch die Stadt", fügte der andere hinzu, „auf Ihrem Weg nach Paris." Ich war im Begriff, ihm tausend Dank für die Auskunft zu sagen, *daß Amiens auf dem Weg nach Paris liege;* allein da ich eben die hörnerne Schnupftabaksdose meines armen Mönchs herauszog, um eine Prise zu nehmen, verbeugte ich mich schweigend vor ihnen und wünschte ihnen eine gute Fahrt nach Dover. Sie verließen uns.

Was wäre denn schon Böses dabei, sagte ich zu mir selbst, wenn ich diese betrübte Dame ersuchte, die Hälfte meiner Chaise anzunehmen? Und was für ein großes Unglück könnte daraus entstehen?

Alle schmutzigen Leidenschaften und bösen Neigungen in meiner Natur gerieten in Aufruhr, als ich den Vorschlag überlegte. Du wirst genötigt sein, noch ein drittes Pferd zu nehmen, sagte der *Geiz*, und das wird dir zwanzig Livre aus dem Beutel locken. Du weißt nicht, wer sie ist, sagte der *Argwohn*. Oder in was für Ungelegenheiten der Schritt dich führen könnte, flüsterte die *Furchtsamkeit*.

Glaube mir, Yorick, sagte die *Besonnenheit*, man wird sagen, du seist mit einer Mätresse durchgegangen und es sei eine Verabredung, die dich nach Calais gebracht habe.

Du kannst nachher, schrie die *Heuchelei* ganz laut, keinem Menschen mehr gerade in die Augen sehen. Oder, sagte die *Eigenliebe*, jemals in der Kirche emporzukommen hoffen. Noch etwas mehr werden, sagte der *Stolz*, als ein elender Dorfpfarrer.

Es wäre aber höflich, sagte ich. Und da ich gewöhnlich meiner ersten Eingebung folge und daher selten diesen Kabalen Gehör schenke, die meines Wissens nur dazu dienen, das Herz mit einer diamantenen Rinde zu überziehen, wandte ich mich sogleich der Dame zu.

Doch sie war während dieses Streits unbemerkt weggegangen und hatte schon zehn oder zwölf Schritte auf der Straße zurückgelegt, als ich endlich zu meinem Entschluß gekommen war. Ich ging ihr also mit großen Schritten nach, um ihr in der besten Form, die mir möglich war, meinen Vorschlag vorzutragen; aber als ich bemerkte, daß sie die Wange halb in die Hand gestützt hatte und mit dem langsamen, kurzen Schritt der Nachdenklichkeit fortging, die Augen beständig zu Boden gesenkt, kam mir plötzlich der Gedanke, daß sie vielleicht selbst die nämliche Sache überdachte. Gott steh ihr bei! sagte ich, sie hat bestimmt eine Schwiegermutter oder eine tartüffische Tante oder sonst eine dumme alte Frau, die sie ebenso wie ich erst um Rat fragen muß. Da ich den Lauf des Prozesses nicht hemmen wollte und es für galanter hielt, sie durch Besonnenheit als durch Überrumpelung zu erobern, machte ich kehrt und ging ein paarmal vor der Remisentür auf und ab, während sie seitlich davon in Gedanken spazierte.

Auf der Strasse

Calais

Beim ersten Anblick der Dame hatte ich in meinen Gedanken festgesetzt, daß sie einer besseren Kategorie von Geschöpfen angehöre; als ein zweites, ebenso unwiderlegliches Axiom nahm ich an, daß sie eine Witwe sei und die Zeichen der Betrübnis im Gesicht trage. Weiter ging ich damals nicht; das war mir genug für die Situation, die mir gefiel, und wäre sie bis Mitternacht in der Reichweite meines Arms geblieben, so hätte ich mich treulich an mein System gehalten und sie nur unter dieser allgemeinen Idee betrachtet.

Kaum aber war sie zwanzig Schritte von mir entfernt, als etwas in mir nach einer genaueren Untersuchung verlangte. Der Gedanke an eine noch größere Trennung tauchte auf. Ich sollte sie vielleicht gar nicht wiedersehen. Das Herz nimmt gern alles, was es bekommen kann; und ich wollte doch wissen, auf welchem Weg meine Wünsche zu ihr gelangen könnten, falls ich sie selbst niemals wiedertreffen sollte. Mit einem Wort, ich wollte ihren Namen, den Namen ihrer Familie und ihren Stand kennenlernen; wohin sie ging, wußte ich, aber ich hätte auch gerne gewußt, woher sie kam, und ich sah nicht, wie ich das erfahren könnte. Hundert kleine Bedenken standen mir im Wege. Ich machte wohl ein Schock verschiedener Pläne. Es ging nicht an, sie einfach zu fragen; das war ganz unmöglich.

Ein kleiner freundlicher französischer Hauptmann, der die Straße entlanggetanzt kam, zeigte mir, daß in der Welt nichts leichter sei als das. Denn als die Dame eben wieder zur Remisentür zurückkam, drängte er sich zwischen uns und suchte meine Bekanntschaft; noch ehe er sich richtig eingeführt hatte, bat er, ich möchte ihm die Ehre erweisen und ihn der Dame vorstellen. Ich war selbst nicht vorgestellt worden. Also wendete er sich zu ihr und verrichtete es selbst ebenso gut, indem er sie fragte, ob sie aus Paris komme. Nein, sie wolle dorthin, sagte sie. „*Vous n'êtes pas de Londres?*" Das sei sie nicht, antwortete sie. „So müssen Madame durch Flandern gekommen sein. *Apparemment vous êtes Flamande?*" fragte der französische Hauptmann. Das sei sie, sagte die Dame. „*Peut-être de Lille?*" Sie sei nicht aus Lille. „Aus Arras? Aus Cambrai? Aus Gent? Aus Brüssel?" Sie versetzte, sie sei aus Brüssel.

Er habe die Ehre gehabt, sagte er, dabeizusein, als es im letzten Krieg bombardiert wurde. Es habe, *pour cela*, eine schöne Lage und sei voller Noblesse gewesen, als die Kaiserlichen durch die Franzosen daraus vertrieben worden seien. (Die Dame machte einen kleinen Knicks.) Darauf erzählte er ihr die ganze Geschichte, und wieviel Anteil er daran gehabt habe; dann bat er um die Ehre, ihren Namen zu erfahren, und verbeugte sich.

„*Et Madame a son mari?*" fragte er, indem er sich noch einmal umblickte, als er schon zwei Schritte entfernt war; und ohne eine Antwort abzuwarten, hüpfte er davon.

Ich hätte das nicht fertiggebracht, wäre ich auch sieben Jahre bei der feinen Lebensart in die Lehre gegangen.

Die Remise

Calais

Als uns der kleine französische Hauptmann verlassen hatte, langte Monsieur Dessein mit dem Schlüssel an und führte uns unverzüglich in sein Wagenmagazin.

Das erste, was meine Augen auf sich zog, als Monsieur Dessein die Tür öffnete, war eine zweite alte geflickte *désobligeante,* und obgleich sie eine genaue Kopie derjenigen war, die mir erst vor einer Stunde im Hof so sehr in die Augen gestochen hatte, erweckte doch jetzt ihr bloßer Anblick unangenehme Empfindungen in mir, und ich dachte, es müsse ein filziges Ungeheuer gewesen sein, in dessen Herz zuerst der Einfall hatte kommen können, einen solchen Wagen zu bauen; nicht viel menschenfreundlicher war ich dem gesinnt, der es übers Herz bringen könnte, ihn zu benutzen.

Ich bemerkte, daß die Dame ebensowenig davon erbaut war wie ich. Monsieur Dessein führte uns also zu ein paar Chaisen, die nebeneinanderstanden, und sagte uns zu ihrer Empfehlung, daß Mylord A. und B. sie für ihre *grand tour* gekauft hätten, daß sie aber nicht weiter als bis Paris gekommen und also in jeder Hinsicht so gut wie neu seien. Sie waren zu gut; also wendete ich mich einer dritten zu, die dahinter stand, und fragte sogleich nach dem Preis. „Aber", sagte ich, indem ich die Tür aufmachte und hineinstieg, „es können kaum zwei Personen darin sitzen." – „Haben Sie die Güte hineinzusteigen, Madame", sagte Monsieur Dessein und reichte ihr den Arm. Die Dame bedachte sich eine halbe Sekunde und stieg dann ein. Da in diesem Augenblick der Hausknecht dem Wirt ein Zeichen gab, daß er ihm etwas zu sagen habe, schlug dieser die Türe zu und ließ uns sitzen.

DIE REMISE

Calais

„*C'est bien comique*, es ist sehr drollig", sagte die Dame und lächelte bei dem Gedanken, daß wir durch ein paar verrückte Zufälle zum zweitenmal allein beisammen gelassen wurden. „*C'est bien comique*", sagte sie.

Tony Johannot

„Um es vollends dazu zu machen", entgegnete ich, „fehlt nichts als der komische Gebrauch, den die Galanterie eines Franzosen davon machen würde: im ersten Augenblick verliebt zu tun und im zweiten seine Person anzutragen."

„Darin sind sie stark", versetzte sie.

„Man sagt es ihnen wenigstens nach, doch wie es dazu gekommen ist", fuhr ich fort, „weiß ich nicht. Es ist aber gewiß, daß sie den Ruhm haben, mehr von der Liebe zu verstehen und sie besser zu praktizieren als jede andere Nation auf der Erde; ich für mein Teil halte sie allerdings für wahre Pfuscher und für die schlechtesten Schützen, die jemals Amors Geduld auf die Probe gestellt haben.

Wie können sie nur auf die Idee kommen, die Liebe durch *sentiments* zu betreiben?!

Ebensogut könnte ich auf die Idee kommen, ein elegantes Kleid aus Resten zu machen. Und dann Knall und Fall gleich beim ersten Anblick mit einer Erklärung zu beginnen, das heißt den Antrag und sich selbst mit allen *pours* und *contres* einem noch nicht erwärmten Gemüt zur Entscheidung überlassen."

Die Dame merkte auf, als ob sie erwartete, daß ich weitersprechen sollte.

„Bedenken Sie nur, Madame", fuhr ich fort, indem ich meine Hand auf die ihrige legte,

„Daß ernsthafte Leute die Liebe des Namens wegen hassen,

Daß selbstsüchtige Leute sie ihrer selbst wegen hassen,

Heuchler des Himmels wegen,

Und daß uns alle, Alte wie Junge, der bloße Klang des Wortes genauso wie der Knall eines Schusses zehnmal mehr erschreckt als verletzt.

Was für einen Mangel an Einsicht in diesen Zweig der menschlichen Beziehungen verrät nicht ein Mann, der das Wort eher über seine Lippen bringt, als ihm ein Schweigen von wenigstens ein oder zwei Stunden zur Qual geworden ist! Eine Reihe kleiner, stiller Aufmerksamkeiten – nicht so deutlich, daß sie Besorgnis erregen, nicht so versteckt, daß sie verkannt werden könnten –, dabei zuweilen einen freundlichen Blick und wenige oder gar keine Worte darüber erlaubt die Natur für eine Geliebte, und diese weiß es in ihrem Sinn zu deuten."

„So muß ich", sagte die Dame errötend, „feierlich erklären, daß Sie mir die ganze Zeit über den Hof gemacht haben."

Die Remise

Calais

Monsieur Dessein kam zurück, um uns aus der Chaise zu lassen, und brachte der Dame die Nachricht, daß ihr Bruder, der Graf von L., soeben im Hotel angekommen sei. Obgleich ich unendlich viel Wohlwollen für die Dame empfand, kann ich doch nicht sagen, daß ich mich in meinem Herzen über das Ereignis freute, und ich konnte nicht umhin, ihr das zu sagen. „Denn es vereitelt einen Vorschlag, Madame", sagte ich, „den ich Ihnen eben machen wollte."

„Sie brauchen mir nicht zu sagen, worin er bestand", versetzte sie und legte ihre Hand auf meine beiden Hände, als sie mich unterbrach. „Ein Mann, mein Herr, wird selten einer Frau ein gütiges Anerbieten vortragen können, das sie nicht schon einige Augenblicke früher geahnt hätte."

„Damit hat sie die Natur zu ihrem unmittelbaren Schutz bewaffnet", sagte ich. „Aber ich denke nicht", sagte sie und sah mir in die Augen, „daß ich von Ihnen etwas Böses zu befürchten hätte, und um aufrichtig Ihnen gegenüber zu sein: ich war entschlossen, es anzunehmen. Wenn ich es angenommen hätte" (sie hielt einen Augenblick inne), „so würde mir, glaube ich, Ihr guter Wille eine Geschichte entlockt haben, die das Mitleid zur einzigen gefährlichen Sache auf der Reise gemacht hätte."

Während sie dies sagte, ließ sie es zu, daß ich zweimal ihre Hand küßte; und mit einem gerührten Blick, in den sich Betrübnis mischte, stieg sie aus der Chaise und sagte adieu.

Auf der Strasse

Calais

Ich habe nie in meinem Leben einen Handel um zwölf Guineen so schnell abgeschlossen: meine Zeit erschien mir nach dem Verlust der Dame als eine drückende Last, und da ich fand, daß jeder Augenblick doppelt so lang sein würde, bis ich mich in Bewegung setzte, bestellte ich stehenden Fußes die Postpferde und begab mich zum Hotel.

„Himmel!" sagte ich, als ich die Stadtglocke vier schlagen hörte, und überlegte, daß ich kaum länger als eine einzige Stunde in Calais gewesen war.

Welche Menge von Abenteuern kann der Mann mit seiner kleinen Lebensspanne umfassen, der sein Herz an allem teilnehmen läßt und der, da er Augen hat zu sehen, was ihm Zeit und Gelegenheit auf seinem Weg ohne Unterlaß darbieten, nichts unberührt läßt, woran er seine Hände *mit Ehren* legen darf!

Wenn aus dem einen nichts wird, dann aus dem anderen. Es schadet nichts: Es ist ein Versuch über die menschliche Natur. Meine Arbeit wird nur mit Mühen vergolten – das genügt mir. Das Vergnügen am Experiment hat meine Sinne und den besseren Teil meines Blutes wach gehalten und den gröberen eingeschläfert.

Ich bedaure den Mann, der von Dan bis Berseba reisen

und ausrufen kann: Es ist alles dürr und öde! Doch so ist es, und so ist die ganze Welt für den, der nicht die Früchte hegen und pflegen will, die sie hervorbringt. Ja, ich bezeuge, sagte ich und schlug freudig meine Hände zusammen, daß ich selbst in der Wüste etwas finden würde, was meine Neigung auf sich zöge. Fände ich nichts Besseres, so wollte ich sie einem reizenden Myrtenbaum entgegenbringen oder irgendeine melancholische Zypresse suchen, mit der ich mich einlassen könnte. Ich würde ihren Schatten besingen und sie zum Dank für ihren Schutz freundlich grüßen; meinen Namen schnitte ich in ihre Rinde und schwörte, sie seien die lieblichsten Bäume in der ganzen Wüste. Wenn ihre Blätter welkten, würde ich lernen zu trauern, und wenn sie sich freuten, würde ich mich mit ihnen freuen.

Der gelehrte *Smelfungus** reiste von Boulogne nach Paris, von Paris nach Rom, und so weiter, aber er zog mit schlechter Laune und Vorurteilen aus, und jeder Gegenstand, an dem er vorbeikam, war entstellt und verzerrt. Er schrieb darüber einen Bericht, doch das war nur der Bericht über seine unglückseligen Empfindungen.

Ich begegnete Smelfungus im großen Portal des Pantheons; er trat eben heraus. „*Es ist nichts als ein ungeheuer Hahnenkampfplatz***", sagte er. „Ich wünschte, Sie hätten nicht noch etwas Schlimmeres von der Mediceischen Venus gesagt", versetzte ich; denn als ich durch Florenz kam, wurde mir erzählt, daß er die Göttin gelästert und sie übler beschimpft habe als ein Straßenmädchen, ohne daß er durch irgend etwas dazu gereizt worden sei.

In Turin stieß ich abermals auf Smelfungus, der auf seiner Heimreise war, und er hatte eine traurige Geschichte von jammervollen Begebenheiten zu erzählen, „worin er

* Sterne meint hier Tobias Smollett, der 1766 das Buch „Reisen durch Frankreich und Italien" veröffentlicht hatte (Anmerkung des Übersetzers).
** Siehe S.'s Reisen.

von entsetzlichen Gefahren zu Wasser und zu Lande sprach und von den Kannibalen, die einander verschlingen: den Anthropophagen."* Er war bei lebendigem Leib geschunden und gequält und in jedem Gasthof, wo er eingekehrt, ärger mißhandelt worden als St. Bartholomäus.

„Ich will es der Welt erzählen", rief Smelfungus. „Sie täten besser daran", versetzte ich, „wenn Sie es Ihrem Arzt erzählten."

Mundungus** machte mit unermeßlichem Reichtum die große Reise; er fuhr von Rom nach Neapel, von Neapel nach Venedig, von Venedig nach Wien, nach Dresden, nach Berlin, ohne daß er von einer einzigen uneigennützigen Verbindung oder eine erfreuliche Anekdote zu erzählen hatte. Er war vielmehr schnurstracks fortgereist, ohne nach rechts oder links zu sehen, damit nicht Liebe oder Mitleid ihn von seinem Wege ablocken möchte.

Friede sei mit ihnen, wenn er für sie zu finden ist; aber dem Himmel selbst – wenn es möglich wäre, mit solchen Gemütern hineinzukommen – würde es an Mitteln gebrechen, ihn zu bewirken. Alle seligen Geister würden ihnen auf den Flügeln der Liebe entgegenschweben, um ihre Ankunft zu begrüßen. Die Seelen des Smelfungus und des Mundungus würden nichts hören als reine Hymnen der Freude, reine Jubelrufe der Liebe und reine Lobpreisungen ihrer gemeinschaftlichen Seligkeit. Herzlich bedaure ich sie: Sie haben keine Fähigkeit zu diesem Geschäft mitgebracht; und würden Smelfungus und Mundungus auch n die glückseligste Wohnung des Himmels versetzt, sie wären dennoch so weit von aller Glückseligkeit entfernt, daß ihre Seelen selbst dort bis in alle Ewigkeit Buße tun müßten.

* Leicht verändertes Zitat aus Shakespeares „Othello" I, 3 (Anmerkung des Übersetzers).
** Gemeint ist der Arzt Dr. Samuel Sharp, Verfasser von Reisebriefen aus Italien (Anmerkung des Übersetzers).

Montreuil

Einmal hatte ich meinen Mantelsack hinten von der Chaise verloren, zweimal war ich im Regen ausgestiegen und einmal davon bis an die Knie in Morast geraten, um dem Postillion zu helfen, ihn festzubinden, und konnte doch nicht ausfindig machen, was da fehlte. Erst als ich nach Montreuil kam und der Wirt mich fragte, ob ich nicht einen Bedienten brauchte, fiel mir ein, daß das es war, was mir fehlte.

„Einen Bedienten? Leider brauche ich einen!" sagte ich. „Nun, so ist, Monsieur", entgegnete der Wirt, „ein geschickter junger Bursche hier, der sehr stolz auf die Ehre sein würde, einem Engländer zu dienen." – „Aber warum lieber einem Engländer als einem andern?" – „Sie sind so großzügig", sagte der Wirt. Ich will tot umfallen, sagte ich zu mir selbst, wenn mich das nicht noch heute abend ein Livre kostet. „Aber sie haben's auch, Monsieur", setzte er hinzu. Hierfür kannst du noch ein Livre mehr ansetzen, dachte ich. „Erst gestern abend war's", sagte der Wirt, „*qu'un Mylord anglois présentoit un écu à la fille de chambre* " – „*Tant pis pour Mademoiselle Janatone*", sagte ich.

Da nun Janatone des Wirts Tochter war und mich der Wirt für nicht stark im Französischen hielt, nahm er sich die Freiheit, mich zu belehren, daß ich nicht hätte sagen sollen *tant pis*, sondern *tant mieux*. „*Tant mieux, toujours, Monsieur*", sagte er, „wenn es etwas abwirft. *Tant pis*, wenn nichts abfällt." – „Es läuft auf eins hinaus", sagte ich. „*Pardonnez-moi*", sagte der Wirt.

Ich kann keine bessere Gelegenheit ergreifen, um ein für allemal anzumerken, daß, weil *tant pis* und *tant mieux* zwei von den großen Angeln sind, um die sich die französische Konversation dreht, ein Fremder gut daran tun würde, ihren richtigen Gebrauch zu lernen, bevor er nach Paris kommt.

Ein voreiliger französischer Marquis fragte an der Tafel des englischen Gesandten den Herrn H., ob er der Dichter H. sei. „Nein", sagte H. ganz gelassen. „*Tant pis*", versetzte der Marquis.

„Es ist H., der Geschichtsschreiber", sagte ein anderer. „*Tant mieux*", sagte der Marquis. Und Herr H., der ein vortreffliches Herz besitzt, dankte ihm für beides.

Als mich der Wirt in diesem Punkt zurechtgewiesen hatte, rief er La Fleur herein – so hieß der junge Mann, den er mir empfohlen hatte –, sagte aber zuvor, daß er sich nicht unterstünde, sich über dessen Fähigkeiten zu äußern – Monsieur könne am besten selbst beurteilen, was ihm anstehe. Aber für die Treue La Fleurs wolle er sich mit allem, was er besitze, verbürgen.

Der Wirt sagte dies auf eine Art und Weise, die meine Gedanken unverzüglich auf das Geschäft lenkte, das ich vorhatte. Und La Fleur, der draußen in jener gespannten Erwartung gestanden hatte, die wir sterblichen Menschen alle einmal zu irgendeiner Zeit empfunden haben, kam herein.

Montreuil

Ich kann sehr leicht für alle möglichen Leute beim ersten Augenblick eingenommen werden, aber niemals leichter, als wenn ein armer Teufel einem andern armen Teufel, wie ich es bin, seine Dienste anbietet; und da ich diese Schwäche kenne, erlaube ich stets meinem Verstand, sich aus diesem Grund ein wenig zurückzuziehen, und zwar mehr oder weniger, je nach dem Modus oder Kasus, in dem ich mich befinde, und ich muß wohl hinzufügen: auch nach dem Genus der Person, die ich regieren soll.

Als La Fleur ins Zimmer trat, entschieden – nach allen

Abzügen, die ich meiner Seele zuliebe machen konnte – das ehrliche Gesicht und Aussehen des Burschen die Sache auf der Stelle zu seinen Gunsten. Also mietete ich ihn zuerst einmal und begann mich dann zu erkundigen, wozu er eigentlich brauchbar sei. „Doch ich werde seine Fähigkeiten schon entdecken", sagte ich, „so wie ich sie nach und nach brauche. Außerdem kann ein Franzose ja alles."

Aber der arme La Fleur verstand nichts in der Welt, als eine Trommel zu schlagen und ein paar Märsche auf der Querpfeife zu blasen. Ich war entschlossen, seine Fähigkeiten zu entwickeln, und muß gestehen, meine Schwachheit ist nie von meiner Klugheit so verhöhnt worden wie bei diesem Versuch.

La Fleur hatte in seiner frühen Jugend, edelmütig wie die meisten Franzosen, ein paar Jahre seinem König gedient. Nach Ablauf der Zeit, als er diese Regung befriedigt und überdies entdeckt hatte, daß die Ehre, eine Trommel zu schlagen, wahrscheinlich ihr eigener Lohn sein würde, da sie ihm keinen Weg zu fernerem Ruhm eröffnete, begab er sich *à ses terres* und lebte *comme il plaisoit à Dieu*, das heißt von der Luft.

So, sagte die *Klugheit*, da hast du nun einen Trommler gemietet, der dich auf deiner Reise durch Frankreich und Italien begleiten soll! Pah! sagte ich, geht nicht die Hälfte unseres Adels mit einem windigen *compagnon de voyage* auf die gleiche Reise und muß den Pfeifer und den Teufel und alles andere noch obendrein bezahlen? Wenn sich ein Mann aus einem so ungleichen Handel durch ein zweideutiges Wortspiel herauswinden kann, dann ist er noch nicht so übel dran. – „Aber kann Er sonst noch etwas, La Fleur?" – „*O qu'oui!*" Er könne Gamaschen machen und ein bißchen auf der Geige spielen. Bravo! sagte die Klugheit. „Nun, ich spiele selbst die Baßgeige", sagte ich, „da passen wir sehr gut zusammen. – Kann Er den Bart scheren und ein wenig die Perücken zurechtmachen, La Fleur?" Dazu habe er allen guten Willen. „Mit diesem", unterbrach ich ihn, „begnügt sich sogar der Himmel! Und ich sollte mich nicht damit begnügen?" Als hierauf das Abendessen aufgetragen wurde und ich auf der einen Seite meines Stuhls einen lustigen englischen Jagdhund und auf der anderen einen französischen Diener mit so viel Munterkeit im Gesicht hatte, wie je die Natur in eins gemalt hat, war ich recht von Herzen mit meinem Reich zufrieden; und wenn die Monarchen wüßten, was sie eigentlich wollten, so könnten sie ebenso zufrieden sein, wie ich es war.

Montreuil

Da La Fleur die ganze Reise durch Frankreich und Italien mit mir gemacht hat und noch oft auftreten wird, muß ich den Leser ein wenig mehr für ihn einnehmen, indem ich ihm sage, daß ich niemals weniger Grund hatte, die Eingebungen, nach denen ich gewöhnlich handle, zu bereuen, als bei diesem Burschen. Er war eine so treue, anhängliche und einfältige Seele, wie nur je eine den Fersen eines Philosophen gefolgt ist; und obgleich mir seine an sich sehr löblichen Talente im Trommeln und Gamaschenmachen sehr wenig zustatten kommen konnten, wurde ich doch täglich und stündlich durch die Heiterkeit seines Gemüts belohnt. Diese entschädigte mich für alle Mängel. Seine Miene war meine ständige Zuflucht in all meinen Beschwerlichkeiten und Sorgen – ich hätte beinahe gesagt: auch in den seinigen; aber La Fleur ließ dergleichen nicht an sich herankommen, denn was ihm auch bei unserm Herumreisen begegnete, Hunger oder Durst oder Kälte oder Blöße oder Wachen oder irgendeine andere Pechsträhne, es fand sich niemals in seiner Physiognomie ein Anzeichen, das darauf hingedeutet hätte: Er war immer und ewig derselbe, so daß, wenn ich etwas von einem Philosophen an mir habe, was mir der Satan wohl dann und wann in den Kopf setzt, es immer den Stolz dieser Einbildung sehr demütigt, wenn ich mir überlege, wie sehr ich es der physiognomischen Philosophie dieses armen Burschen zu danken habe, daß sie mich zu einem besseren Menschen gemacht hat, indem sie mich immer wieder beschämte. Bei alledem wirkte La Fleur ein wenig wie ein Geck, aber er schien auf den ersten Blick mehr ein Geck von Natur als aus Berechnung zu sein, und ehe ich noch drei Tage mit ihm in Paris gewesen war, schien er ganz und gar kein Geck mehr zu sein.

Montreuil

Als La Fleur am folgenden Morgen seinen Posten antrat, übergab ich ihm den Schlüssel zu meinem Mantelsack zusammen mit einer Bestandsliste, die mein halbes Dutzend Hemden und die seidene Hose enthielt, und befahl ihm, alles auf die Chaise zu packen, die Pferde anspannen zu lassen und den Wirt mit der Rechnung zu mir zu bitten.

„*C'est un garçon de bonne fortune*", sagte der Wirt und zeigte durchs Fenster auf ein halb Dutzend Mädchen, die sich um La Fleur versammelt hatten und, während der Postillion die Pferde holte, sehr freundlich Abschied von ihm nahmen. La Fleur küßte ihnen allen reihum immer wieder die Hände; dreimal wischte er sich die Augen, und dreimal versprach er, ihnen allen einen Ablaß aus Rom mitzubringen.

„Der junge Bursche", sagte der Wirt, „ist in der ganzen Stadt beliebt, und es wird kaum einen Winkel in Montreuil geben, wo man ihn nicht vermissen wird. Ein einziges Unglück hat er in der Welt", fuhr er fort, „er ist immer verliebt." – „Das freut mich sehr", entgegnete ich, „denn das erspart mir die Mühe, jede Nacht meine Hose unters Kopfkissen zu stecken." Indem ich das sagte, hielt ich weniger eine Lobrede auf La Fleur als auf mich selbst; ich bin nämlich mein ganzes Leben lang ständig in die eine oder andere Prinzessin verliebt gewesen, und ich hoffe, das wird bis an mein seliges Ende so bleiben, denn ich bin fest überzeugt, daß, wenn ich irgendeine niedrige Handlung begehe, es gewiß in der Pause zwischen zwei Leidenschaften geschieht. Solange ein solches Interregnum währt, spüre ich immer, daß mein Herz verschlossen ist und daß ich mir kaum ein Sixpencestück für einen Bettler abringen kann; deshalb versuche ich diese Pausen so kurz zu machen wie nur möglich, und sobald ich erneut Feuer fange, bin ich wieder ebenso großzügig und gutmütig wie zuvor und kann für oder mit jedermann alles in der Welt tun, wenn man mich nur zu überzeugen vermag, daß keine Sünde dabei ist.

Aber wenn ich das sage, wahrhaftig, lobe ich die Liebe, nicht mich.

Ein Fragment

Die Stadt Abdera war, obgleich Demokrit in ihr lebte und alle Macht der Ironie und des Lachens aufbot, sie zu bekehren, die niederträchtigste und gottloseste Stadt in ganz Thrazien. Was für Giftmischerei, Verschwörungen, Meuchelmorde, Schmähschriften, Pasquille und Tumulte! Am hellen Tage war man auf der Straße nicht sicher, und des Nachts war es noch ärger.

Nun begab es sich, als die Greuel den Höhepunkt erreicht hatten, daß man zu Abdera die „Andromeda" des Euripides spielte; sie gefiel allen Zuschauern, aber von allen Stellen, die dem Volk gefielen, wirkte keine stärker auf seine Phantasie als die zärtlichen Züge der Natur, die der Dichter in die rührende Rede des Perseus eingewoben hatte: *O Cupido*, *der Götter Herr und Herr der Menschen,* etc. Jeder sprach am folgenden Tag in Jamben und von nichts anderem als dem rührenden Anruf des Perseus. „O Cupido, der Götter Herr und Herr der Menschen." In jeder Straße von Abdera, in jedem Haus: „O Cupido! O Cupido!" In jedem Mund, gleich den natürlichen Tönen einer lieblichen Melodie, die ihm auch wider Willen entschlüpft, nichts als: „O Cupido! O Cupido, der Götter Herr und Herr der Menschen!" Das Feuer griff um sich, und die ganze Stadt, gleich dem Herzen eines einzigen Mannes, öffnete sich der Liebe.

Kein Apotheker konnte ein Gran Nieswurz loswerden, kein Waffenschmied hatte das Herz, ein einziges Werkzeug des Todes zu schmieden. Freundschaft und Tugend begegneten und küßten sich auf den Straßen. Das goldene Zeitalter kehrte zurück und schwebte über der Stadt Abdera. Jeder Abderit nahm sein Haferrohr, und jede Abderitin verließ ihr Purpurgewebe und setzte sich keusch auf den Boden und lauschte dem Gesang.

Kein anderer Gott, sagt das Fragment, als der, dessen Macht vom Himmel zur Erde und selbst in die Tiefen des Meeres reicht, hätte dies auszurichten vermocht.

Montreuil

Wenn alles fertig und jeder Artikel im Gasthof bezankt und bezahlt ist, bleibt, sofern man nicht durch den letzten Auftritt zu mürrisch geworden ist, noch immer vor der Tür etwas zu regeln übrig, ehe man in den Wagen steigen kann, und zwar mit den Söhnen und Töchtern der Armut, die einen umringen. Niemand sage: Laß sie doch zum Teufel gehen! Das wäre ein saurer Gang für ein paar Elende, und sie haben ohnedies Leiden genug gehabt. Ich halte es immer für besser, einige Sous in die Hand zu nehmen, und ich möchte jedem vornehmen Reisenden raten, es ebenso zu machen; er braucht nicht so genau aufzuschreiben, aus welchen Gründen und wofür er sie ausgegeben hat – es wird schon anderswo gebucht.

Was mich selbst betrifft, so gibt kein Mensch so wenig wie ich; denn ich kenne fast niemanden, der so wenig zu geben hätte. Doch da dies mein erster öffentlicher Akt der Mildtätigkeit in Frankreich war, schenkte ich ihm desto mehr Beachtung.

„Wie soll das gehen?" sagte ich. „Ich habe nur acht Sous zu vergeben" – hierbei zeigte ich sie in der Hand –, „und davon wollen acht arme Männer und acht arme Frauen etwas haben!"

Ein armer zerlumpter Mann, der kein Hemd auf dem Leib hatte, gab seinen Anspruch sogleich auf, indem er sich zwei Schritte aus dem Kreis zurückzog und durch einen Bückling zu verstehen gab, daß er für sich nichts verlange. Hätte das ganze Parterre einstimmig geschrien: *Place aux dames!*, so hätte dies das Gefühl der Achtung für das schwache Geschlecht nicht mit solcher Wirkung ausgedrückt.

Gerechter Himmel! Aus was für weisen Gründen hast du es so bestimmt, daß Bettelarmut und gesittete Lebensart, die in anderen Ländern so weit voneinander getrennt sind, hier einen Weg zum einträchtigen Zusammenleben gefunden haben?

Ich bestand darauf, daß er einen Sou zum Geschenk annehme, bloß seiner *politesse* wegen.

Ein armer, kleiner, lebhafter Kerl, der mir gegenüber in der Runde stand, zog, nachdem er zuerst etwas unter den Arm genommen hatte, was ehedem ein Hut gewesen war, seine Schnupftabaksdose aus der Tasche und bot ganz freigebig auf beiden Seiten eine Prise an. Es war keine kleine Gabe, und sie wurde mit Bescheidenheit abgelehnt. Der arme kleine Kerl nötigte sie den anderen mit einem einladenden Kopfnicken auf. *„Prenez-en, prenez"*, sagte er und

sah in eine andere Richtung; also nahm jeder eine Prise.
Es wäre ein Jammer, wenn deine Dose jemals leer sein
sollte! sagte ich bei mir selbst und drückte ein paar Sous
hinein, wobei ich eine kleine Prise herausnahm, um dadurch
den Wert der Gabe zu erhöhen. Er fühlte das Gewicht der
zweiten Verbindlichkeit stärker als das der ersten – durch
diese erwies ich ihm die Ehre, durch die andere bloß eine
Wohltat –, und er machte mir dafür einen Bückling bis zur
Erde.

„Da!" sagte ich zu einem alten Soldaten mit nur einer
Hand, den die vielen Feldzüge völlig ausgemergelt hatten und
der nun verabschiedet war, „da hat Er ein paar Sous." –
„*Vive le Roi!*" rief der alte Soldat.

Jetzt hatte ich nur noch drei Sous übrig: einen gab ich
bloß *pour l'amour de Dieu* weg, denn auf dieser Basis wurde
er erbeten. Die arme Frau hatte eine verrenkte Hüfte, also
konnte es wohl nicht gut aus anderen Gründen sein.

„*Mon cher et très charitable Monsieur!*" – „Dem widerstehe,
wer da kann!" sagte ich.

„*Mylord anglois!*" Der bloße Klang war schon das Geld
wert – also gab ich meinen letzten Sou dafür hin. Aber in der
Hitze des Gebens hatte ich einen *pauvre honteux* übersehen,
der niemanden hatte, für ihn um einen Sou zu bitten, und
der wohl lieber verhungert wäre, als selbst einen zu erbetteln.
Er stand bei der Chaise, ein wenig außerhalb des Kreises,
und wischte eine Träne aus einem Gesicht, das nach meiner
Meinung bessere Tage gesehen hatte. „Gütiger Gott!" sagte
ich. „Und ich habe nicht einen einzigen Sou mehr übrig, den
ich ihm geben könnte." Aber du hast ja Tausende! schrie
mit aller Macht in mir die Natur, die sich empörte. Und so
gab ich ihm – es tut nichts zur Sache, was. Heute schäme ich
mich zu sagen *wie viel*, damals schämte ich mich zu denken
wie wenig. Wenn also der Leser sich einen ungefähren Begriff
von meiner Gemütslage machen kann, so mag er, da ich
ihm diese beiden festen Punkte angegeben habe, bis auf ein

oder zwei Livre schätzen, wieviel es eigentlich gewesen ist.

Den übrigen konnte ich nichts geben, als ein „*Dieu vous bénisse*". – „*Et le bon Dieu vous bénisse encore*", sagten der alte Soldat, der Zwerg etc. Der *pauvre honteux* konnte nichts sagen: Er zog ein kleines Taschentuch heraus und wischte sich die Augen, als er sich abwandte, und ich glaube, er dankte mir mehr als alle übrigen.

DAS BIDET

Nachdem ich alle diese kleinen Angelegenheiten erledigt hatte, setzte ich mich mit mehr Ruhe in meine Postchaise, als ich mich je in meinem Leben in eine Postchaise gesetzt habe; und als La Fleur einen großen Reitstiefel auf die linke Seite eines kleinen *bidet** und den andern auf die rechte gebracht hatte (denn seine Beine kann ich nicht rechnen), zuckelte er vor mir her, ebenso glücklich und ebenso aufrecht wie ein Prinz.

Aber was ist Glück, was ist Hoheit auf dieser gemalten Bühne des Lebens! Ein toter Esel machte, noch ehe wir eine Meile zurückgelegt hatten, La Fleurs Karriere plötzlich ein Ende – sein *bidet* wollte nicht daran vorbei. Ein Streit entstand zwischen Reiter und Tier, und der arme Kerl wurde gleich beim ersten Stoß aus seinen Reitstiefeln gehoben.

La Fleur ertrug seinen Sturz wie ein französischer Christ; es entfuhr ihm kein anderes Wort als „*Diable!*" Dann raffte er sich geschwind auf, und nachdem er das *bidet* wieder zwischen die Stiefel genommen hatte, schlug er darauf ein, als ob es seine Trommel gewesen wäre.

Das *bidet* flog von der einen Seite des Weges zur andern,

* Postpferd.

dann rückwärts, dann hierhin, dann dorthin, kurz, überallhin, nur nicht an dem toten Esel vorbei. La Fleur bestand darauf, und das *bidet* bäumte und sträubte sich.

„Was hat er mit seinem *bidet* vor, La Fleur?" fragte ich. „*Monsieur*", sagte er, „*c'est le cheval le plus opiniâtre du monde.*" – „Weiß Er was? Wenn es eigensinnig ist", versetzte ich, „so laß Er's doch laufen, wohin es will." Also stieg La Fleur ab, und da er dem *bidet* einen derben Hieb mit der Peitsche versetzte, nahm es mich beim Wort und galoppierte zurück nach Montreuil. „*Peste!*" sagte La Fleur.

Es ist nicht *mal à propos*, hier anzumerken, daß, obgleich La Fleur sich bei diesem Unfall nur zweier verschiedener Ausrufe bediente, nämlich *Diable!* und *Peste!*, es dessenungeachtet drei von dieser Sorte in der französischen Sprache gibt. Gleich dem Positiv, Komparativ und Superlativ wird der eine oder andere bei jedem unerwarteten Wurf im Würfelspiel des Lebens gebraucht.

Le Diable!, welches die erste und Grundstufe ist, wird meistenteils bei gewöhnlichen Bewegungen des Gemüts benutzt, wenn geringfügige Dinge anders ausfallen, als wir erwartet haben, zum Beispiel, wenn man Dubletten wirft oder wenn La Fleur einen Purzelbaum vom Pferd schlägt, und so weiter. Aus demselben Grund ist bei der Hahnreischaft stets *Le Diable!* angebracht.

In den Fällen aber, wo der Wurf ein wenig ärgerlich ist, beispielsweise als das *bidet* davonlief und La Fleur mit seinen Reitstiefeln auf dem Erdboden liegen ließ, handelt es sich um die zweite Stufe.

Dann heißt es *Peste!*

Und was die dritte betrifft ...

Hier aber ist mein Herz von Bedauern und Mitleid ganz erfüllt, wenn ich bedenke, wieviel Elend ein so kultiviertes Volk getroffen und wieviel es gelitten haben muß, um so weit zu gelangen, sich ihrer zu bedienen.

Gewährt mir, o ihr Mächte, die ihr in der Not der Zunge

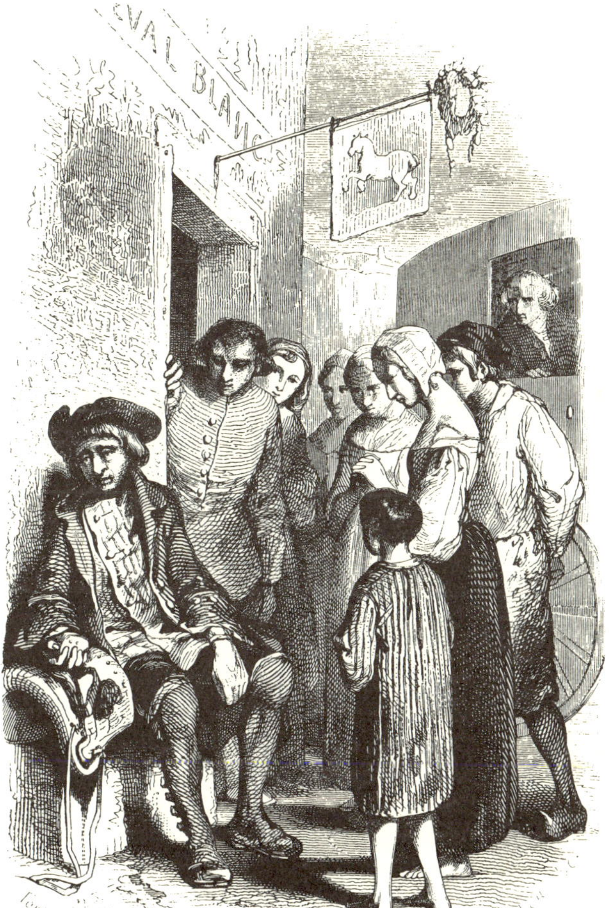
VAL BLANC

Beredsamkeit verleiht – gewährt mir, mein Wurf mag noch so widrig ausfallen, nur ehrbare Worte für meinen Ausruf, so will ich meiner Natur freien Lauf lassen!

Doch da man diese in Frankreich nicht bekommen konnte, beschloß ich, ein jedes Übel so hinzunehmen, wie es mich trifft, ohne irgendeinen Ausruf.

La Fleur, der keinen solchen Bund mit sich selbst geschlossen hatte, folgte dem *bidet* mit den Augen, bis es außer Sichtweite war; und dann mögen Sie sich ausmalen, wenn es Ihnen beliebt, mit was für einem Wort er die ganze Geschichte beschloß.

Da ich keine Möglichkeit sah, wie ein scheu gewordenes Pferd in Reitstiefeln einzuholen wäre, blieb mir keine andere Wahl, als La Fleur hinten auf oder in den Wagen zu nehmen.

Ich wählte das letztere, und in einer halben Stunde langten wir im Posthaus zu Nampont an.

Nampont

Der tote Esel

„Und das", sagte er, indem er den Rest einer Brotrinde in sein Felleisen steckte, „und das wäre dein Bissen gewesen", sagte er, „hättest du gelebt und ihn mit mir teilen können." Aus dem Ton, in dem er das sagte, schloß ich, diese Anrede habe seinem Kind gegolten; allein sie galt seinem Esel, und gerade dem Esel, den wir tot auf dem Weg gefunden hatten und der La Fleurs Mißgeschick verursacht hatte. Der Mann schien ihn sehr zu beklagen, und das erinnerte mich auf der Stelle an Sanchos Klagen um den seinen; aber hier erklangen echtere Töne der Natur.

Der Leidtragende saß auf einer steinernen Bank vor der

Tür, neben sich des Esels Sattelkissen und Zaum, die er zuweilen in die Höhe hob, dann wieder niederlegte; dann sah er sie an und schüttelte den Kopf. Darauf zog er wieder seine Brotrinde aus dem Felleisen hervor, als ob er sie essen wollte, und hielt sie eine Weile in der Hand; danach legte er sie auf das Gebiß, das sein Esel im Maul gehabt hatte, betrachtete wehmütig den kleinen Aufbau und stieß einen Seufzer aus.

Seine einfältige Traurigkeit zog viele Leute an, darunter La Fleur, während die Pferde herbeigeschafft wurden. Ich war in der Chaise sitzen geblieben und konnte über die Köpfe hinweg alles sehen und hören.

Er sagte, er komme aus Spanien, wohin er von den fernsten Grenzen des Frankenlandes gereist sei, und so weit sei er auf seiner Heimreise gewesen, als sein Esel gestorben sei. Jedermann schien begierig, zu erfahren, was für Geschäfte einen so armen alten Mann zu einer so weiten Reise hatten verleiten können.

Dem Himmel habe es gefallen, sagte er, ihn mit drei Söhnen zu segnen, den prächtigsten Burschen in ganz Deutschland; da er aber die beiden ältesten in einer Woche durch die Blattern verloren habe und der jüngste gleichfalls davon befallen worden sei, habe er befürchtet, aller drei Söhne beraubt zu werden, und das Gelübte abgelegt, eine Wallfahrt nach Santiago in Spanien zu machen, wenn ihm der Himmel diesen letzten lassen wollte.

Als der Trauernde in seiner Geschichte bis zu dieser Stelle gekommen war, hielt er inne, um der Natur ihren Tribut zu zahlen, und weinte bitterlich.

Er sagte, der Himmel habe die Bedingungen angenommen und er habe mit diesem armen Tier, das ein geduldiger Gefährte seiner Pilgerschaft gewesen sei, die Reise von seiner Hütte aus angetreten; es habe auf dem ganzen Weg das gleiche Brot wie er gegessen und sei ihm gewesen wie ein Freund.

Ein jeder, der dabeistand, hörte dem armen Mann voller Mitleid zu. La Fleur bot ihm Geld an. Der Trauernde sagte, er brauche es nicht: es gehe ihm nicht um den Preis des Esels, sondern um seinen Verlust. Er sei überzeugt, sagte er, der Esel habe ihn geliebt, und darauf erzählte er ihnen eine lange Geschichte von einem Unglück, das ihnen bei der Überquerung der Pyrenäen zugestoßen war und sie drei Tage lang voneinander getrennt hatte; während dieser Zeit hatte der Esel ihn ebenso eifrig gesucht wie er den Esel, und beide hatten fast das Essen und Trinken vergessen, bis sie sich wiederfanden.

„Er hat wenigstens einen Trost, Freund", sagte ich, „bei dem Verlust des armen Tiers: Er ist ihm gewiß ein milder Herr gewesen." – „Ach!" erwiderte der Leidtragende. „Als er noch lebte, glaubte ich's, da er aber gestorben ist, kommt es mir anders vor. Ich fürchte, die Last meiner Betrübnis und mein eigenes Gewicht dazu waren zu schwer für ihn. Das hat dem armen Geschöpf seine Tage verkürzt, und ich befürchte, dafür muß ich mich einst verantworten." Schande über die Welt! sagte ich bei mir selbst; liebten wir nur einander, wie dieser arme Kerl seinen Esel liebte, wäre es besser um uns bestellt!

Nampont

Der Postillion

Die Betrübnis, in die mich die Geschichte des armen Mannes versetzt hatte, erforderte einige Schonung; der Postillion kümmerte sich jedoch nicht im geringsten darum, sondern fuhr auf dem Steinpflaster in vollem Galopp davon.

Die durstigste Seele in der sandigsten Wüste Arabiens konnte nicht mehr nach einem Labetrunk kalten Wassers lechzen, als die meinige nach langsamen und ruhigen Bewegungen lechzte; und ich hätte eine hohe Meinung von dem Postillion gefaßt, wäre er mit mir in einem gewissermaßen nachdenklichen Tempo fortgeschlichen. Doch ganz im Gegenteil: sobald der Leidtragende seine Klagen beendet hatte, gab der Kerl ohne alles Gefühl seinen Tieren die Peitsche und jagte, wie tausend Teufel lärmend, davon.

Ich rief ihm, so laut ich konnte, zu, er solle um Gottes willen langsamer fahren, aber je lauter ich rief, um so unbarmherziger galoppierte er drauflos. „Hol ihn der Henker mitsamt seinem Jagen!" sagte ich. „Er wird so lange jagen und meine Nerven zerreißen, bis er mich in einen wahnsinnigen Ärger gebracht hat, und dann wird er langsamer fahren, damit ich diesen ja recht genießen kann."

Dem Postillion gelang das auch auf wunderbare Weise:

Als er bis an den Fuß eines steilen Hügels, eine halbe Meile von Nampont entfernt, gekommen war, hatte er mich gegen sich aufgebracht, darauf gegen mich selbst, weil ich mich hatte aufbringen lassen.

Nunmehr verlangte mein Fall eine ganz andere Behandlung, und ein guter rasselnder Galopp wäre mir sehr heilsam gewesen.

„Oh, fahr zu, ich bitte dich, guter Schwager, fahr zu!" sagte ich.

Der Postillion wies auf den Hügel. Ich versuchte also zu der Geschichte des armen Deutschen und seines Esels zurückzukehren, aber ich hatte den Faden verloren und konnte ebensowenig wieder hineinkommen wie der Postillion in den Trab.

Hier hat der Teufel seine Hand im Spiel! sagte ich zu mir. Da sitz ich und bin wie kein anderer Mensch auf der Welt geneigt, alles von der besten Seite zu nehmen, aber alles hat sich gegen mich verschworen.

Es gibt wenigstens ein sanftes Linderungsmittel gegen viele Übel, das uns die Natur darbietet: Ich nahm es also willig aus ihrer Hand und schlief ein; und das erste Wort, das mich weckte, war Amiens.

„Himmel!" rief ich und rieb mir die Augen. „Das ist ja gerade die Stadt, in die meine arme Witwe kommen wird."

Amiens

Kaum war mir das Wort über die Lippen gekommen, als die Postchaise des Grafen L. mit seiner Schwester darin schnell vorbeifuhr: Sie hatte nur gerade so viel Zeit, sich gegen mich auf eine Art zu verneigen, die mir zu verstehen gab, daß sie mich wiedererkannt und daß sie mir noch was zu sagen habe. Sie hielt, was ihr Blick versprochen hatte, denn noch ehe ich mit meinem Abendessen fertig war, kam ihres Bruders Bedienter auf mein Zimmer mit einem Billett, in dem sie sagte, sie habe sich die Freiheit genommen, mich mit einem Brief zu beschweren, den ich den ersten Morgen, an dem ich in Paris nichts Besseres zu tun hätte, der Madame R. übergeben möchte. Es war nur noch hinzugefügt, es tue ihr leid, daß sie aus einem *penchant*, das sie nicht näher untersucht habe, verhindert worden sei, mir ihre Geschichte zu erzählen, daß sie sie mir indessen schuldig bleiben wolle und daß, wenn mich jemals mein Weg durch Brüssel führen sollte und ich dann den Namen der Madame de L. noch nicht vergessen hätte, Madame de L. sich ein Vergnügen daraus machen werde, ihre Schuld abzutragen.

In Brüssel also finde ich dich wieder, schöne Seele! sagte ich. Ich brauche ja nur von Italien durch Deutschland nach Holland und weiter über Flandern nach Hause zu reisen, dann wird es kaum zehn Stationen vom Wege abliegen. Und wenn es auch zehntausend wären! Mit welchem moralischen Vergnügen wird es meine Reise krönen, wenn ich von den rührenden Abenteuern einer traurigen

Geschichte hingerissen werde, die mir eine solche Dulderin erzählt? Sie weinen zu sehen! Und wenn ich auch den Quell ihrer Tränen nicht versiegen lassen kann – was für eine köstliche Empfindung wird es gleichwohl sein, diese Tränen von den Wangen der ersten und schönsten der Frauen wegzuwischen, während ich, mit dem Taschentuch in der Hand, die gan e Nacht schweigend neben ihr sitze!

Es war nichts Böses in diesem Gefühl, und dennoch machte ich auf der Stelle meinem Herzen deswegen die bittersten und kränkendsten Vorwürfe.

Es hat stets, wie ich dem Leser bereits erzählt habe, eine von den eigentümlichen Glückseligkeiten meines Lebens ausgemacht, daß ich fast jede Stunde in irgendeine Frau bis über die Ohren verliebt war; und da meine letzte Flamme, als ich plötzlich um eine Ecke bog, durch einen Windstoß der Eifersucht ausgeblasen worden war, hatte ich sie vor ungefähr drei Monaten an der reinen Lampe meiner Eliza wieder angezündet und dabei geschworen, daß sie auf der ganzen Reise nicht verlöschen werde. Warum soll ich daraus ein Geheimnis machen? Ich hatte ihr ewige Treue geschworen; sie hatte ein Recht auf mein ganzes Herz. Meine Leidenschaft teilen hieße sie mindern; sie bloßstellen hieße sie aufs Spiel setzen: Wo man aber etwas aufs Spiel setzt, da kann man auch verlieren; und, Yorick, was wirst du einem Herzen antworten können, das so voller Treue und Vertrauen ist, so gut, so sanft, so nachsichtig?

Ich will nicht nach Brüssel gehen, unterbrach ich mich selbst. Aber meine Phantasie ließ sich nicht aufhalten. Ich erinnerte mich ihres Blickes im Augenblick unserer Trennung, als keiner von uns beiden die Kraft hatte, Lebewohl zu sagen. Ich sah auf das Bild, das sie mir an einem schwarzen Band um den Hals gehängt hatte, und errötete, als ich es ansah. Ich hätte die Welt darum gegeben, es küssen zu dürfen, aber ich schämte mich. Und soll diese zarte Blume, sagte ich und drückte es mit meinen Händen, soll sie bis an die Wurzel abgesichelt werden – und abgesichelt von dir, Yorick, der du versprochen hast, sie an deinem Busen zu pflegen?

Ewiger Quell aller Seligkeit, sagte ich und kniete nieder, sei du mein Zeuge, und jeder reine Geist, der aus dir trinkt, sei gleichfalls mein Zeuge, daß ich nicht nach Brüssel reisen möchte, falls Eliza mich nicht begleitet, selbst wenn der Weg mich auch zum Himmel führte.

In Entzückungen dieser Art sagt das Herz, trotz dem Verstand, immer zuviel.

Der Brief

Amiens

Fortuna hatte La Fleur nicht angelächelt, denn seinen ritterlichen Taten war kein Erfolg beschieden, und kein einziger Vorfall hatte sich ergeben, bei dem er seinen Eifer in meinem Dienst bezeigen konnte, seitdem er ihn angetreten hatte, und das waren beinahe vierundzwanzig Stunden. Die arme Seele brannte vor Ungeduld, und da die Ankunft des Bedienten des Grafen L. mit dem Brief die erste passende Gelegenheit zu sein schien, hatte La Fleur sie ergriffen; und um seinem Herrn Ehre zu machen, hatte er ihn in ein Hinterzimmer des Wirtshauses geführt und ihn mit ein paar Gläsern des besten pikardischen Weins bewirtet; und der Bediente des Grafen L. hatte La Fleur, aus Dankbarkeit und um nicht unhöflicher zu sein als er, wieder mit in seines Herrn Hotel genommen. La Fleurs einnehmendes Wesen (denn seine bloße Erscheinung war ein Empfehlungsschreiben) hatte ihm bald die vertrauliche Bekanntschaft aller Bedienten in der Küche erworben; und da ein Franzose sich niemals lange nötigen läßt, seine Geschicklichkeit zu zeigen, sie bestehe, worin sie wolle, so hatte La Fleur in weniger als fünf Minuten schon seine Querpfeife hervorgezogen, und indem er beim ersten Ton den Ball selbst eröffnete, ließ er die *fille de chambre*, den *maître d'hôtel*, den Koch, den Küchenjungen und die ganze Haushaltung, Hunde und Katzen, einen alten Affen nicht ausgenommen, tanzen. Ich glaube, seit der Sintflut hat man keine lustigere Küche gesehen.

Als Madame de L. sich von ihres Bruders Zimmer in das ihrige begab und die ausgelassene Fröhlichkeit unten hörte, klingelte sie nach ihrer *fille de chambre*, um sich danach zu erkundigen; und da sie vernahm, es sei der Bediente des englischen Herrn, der mit seiner Pfeife das ganze Haus in diese lustige Stimmung versetzt habe, befahl sie, daß er zu ihr kommen solle.

Weil der arme Kerl nicht mit leeren Händen vor ihr erscheinen wollte, hatte er sich, während er die Treppen hinaufstieg, mit tausend Komplimenten von seinem Herrn an Madame de L. bepackt; er fügte eine lange apokryphe Liste von Erkundigungen nach dem Befinden der Madame de L. hinzu, sagte ihr, daß Monsieur, sein Herr, *au désespoir* wegen ihrer Erholung von den Anstrengungen der Reise sei, und zum Schluß, daß Monsieur den Brief erhalten habe, mit dem Madame ihn beehrt ... „Und hat er mir die Ehre erwiesen", unterbrach Madame de L. den La Fleur, „mir eine Antwort zu schicken?"

Madame de L. hatte dies in einem so zuversichtlichen Ton gesagt, daß La Fleur nicht die Kraft hatte, ihre Erwartung zu täuschen. Er zitterte für meine Ehre, und möglicherweise dachte er auch ein wenig an die seine, als ein Mann, der fähig wäre, einem Herrn anzugehören, dem es *en égards vis-à-vis d'une femme* fehle, so daß La Fleur, als Madame de L. ihn fragte, ob er einen Brief zu überbringen habe, antwortete: „*O qu'oui*", seinen Hut auf die Erde warf, mit der linken Hand nach der rechten Rocktasche fuhr und die Patte aufhielt, während er mit der Rechten suchte, dann umgekehrt – *Diable!* Danach suchte er reihum in allen Taschen, Tasche für Tasche, ohne die Uhrtasche zu vergessen – *Peste!* Dann leerte La Fleur sie auf den Boden aus, zog eine schmutzige Halsbinde, ein Schnupftuch, einen Kamm, eine Peitschenschnur, eine Nachtmütze hervor und suchte darauf im Hut. *Quelle étourderie!* Er habe den Brief im Wirtshaus auf dem Tisch liegenlassen. Er wolle laufen und ihn holen, in drei Minuten sei er wieder da.

Ich war eben mit meinem Abendessen fertig, als La Fleur hereintrat und mir sein Abenteuer erzählte. Er brachte die ganze Geschichte einfach so vor, wie sie war, und fügte bloß hinzu, daß, wenn Monsieur (*par hazard*) vergessen habe, der Dame auf ihren Brief zu antworten, ihm diese Situation Gelegenheit gebe, den *faux pas* wiedergutzumachen; wenn nicht, dann bleibe die Sache so, wie sie sei.

Nun war ich hinsichtlich der *étiquette* nicht ganz sicher, ob ich hätte schreiben müssen oder nicht; aber wäre ich's auch gewesen – ein Teufel selbst hätte es ihm nicht übelnehmen können: Es war nur die geschäftige Sorge eines wohlmeinenden Geschöpfs um meine Ehre; und wenn er auch den rechten Weg verfehlt oder mich damit in Verlegenheit gesetzt hatte – sein Herz traf keine Schuld. Ich war ja nicht gezwungen zu schreiben, und was mehr als alles andere den Ausschlag gab: er sah nicht so aus, als ob er etwas falsch gemacht hätte.

„Es ist schon gut, La Fleur", sagte ich. Das genügte. Wie ein Blitz flog La Fleur aus dem Zimmer und kam wieder mit Feder, Tinte und Papier, trat an den Tisch und legte alles mit einem so vergnügten Gesicht vor mir nieder, daß ich nicht umhinkonnte, die Feder zu ergreifen.

Ich fing an und fing abermals an; und obgleich ich nichts zu sagen hatte und dieses Nichts in einem halben Dutzend Zeilen ausgedrückt werden konnte, probierte ich ein halbes Dutzend verschiedener Anfänge und war doch nicht damit zufrieden.

Kurz, ich war nicht aufgelegt zum Schreiben.

La Fleur ging und brachte ein wenig Wasser in einem Glas, um die Tinte zu verdünnen; dann holte er Streusand und Siegellack. Es half nichts: ich schrieb und strich aus und zerriß und verbrannte und schrieb wieder. „*Le Diable l'emporte!*" sagte ich halb zu mir selbst. „Ich kann den Brief nicht schreiben." Und mit diesen Worten warf ich voller Verzweiflung die Feder hin.

Sobald ich sie hingeworfen hatte, näherte sich La Fleur in der ehrerbietigsten Haltung dem Tisch, und nachdem er sich tausendmal wegen der Freiheit, die er sich nehmen werde, entschuldigt hatte, sagte er mir, daß er einen Brief in der Tasche habe, den ein Trommler seines Regiments an die Frau eines Korporals geschrieben habe und der, wie er sich zu sagen getraute, für die Gelegenheit passen würde.

Ich hatte Lust, dem armen Kerl seinen Willen zu lassen. „Bitte", sagte ich, „laß Er ihn doch einmal sehen."

Flugs zog La Fleur eine kleine schmutzige, mit Briefchen und übel zugerichteten *billetsdoux* vollgestopfte Brieftasche heraus, legte sie auf den Tisch, und nachdem er den Riemen, der alles zusammenhielt, gelöst hatte, ging er sie alle einzeln durch, bis er endlich an den rechten Brief kam. „*La voilà!*" sagte er und klatschte in die Hände; darauf entfaltete er ihn erst, breitete ihn dann vor mir aus und trat drei Schritte vom Tisch zurück, während ich ihn las.

DER BRIEF

Madame,
Je suis pénétré de la douleur la plus vive, et reduit en même temps au désespoir par ce retour imprévu du Caporal qui rend notre entrevue de ce soir la chose du monde la plus impossible.

Mais vive la joie! et toute la mienne sera de penser à vous.

L'amour n'est rien *sans sentiment.*
Et le sentiment est encore moins sans amour.
On dit qu'on ne doit jamais se désespérer.
On dit aussi que Monsieur le Caporal monte la garde Mercredi. alors ce sera mon tour.
      Chacun à son tour.
En attendant – Vive l'amour! et vive la bagatelle!
   Je suis, Madame,
     Avec tous les sentiments les
     plus respectueux et les plus
     tendres, tout à vous,
          Jaques Roque.

Ich brauchte nur den Korporal in den Grafen zu verwandeln und nichts vom Wachestehen am Mittwoch zu sagen, dann war der Brief so uneben nicht. Um also dem armen Kerl, der für meine Ehre, für die seinige und für die Ehre seines Briefes zitterte, einen Gefallen zu tun, schöpfte ich sauber die Sahne davon ab und quirlte sie auf meine Manier. Ich drückte mein Siegel auf, schickte ihn damit zu Madame de L., und am folgenden Morgen setzten wir unsere Reise nach Paris fort.

Paris

Wenn jemand sich mit einer Equipage brüsten und mit einem halben Dutzend Lakaien und etlichen Köchen alles vor sich herwirbeln kann, so ist eine Stadt wie Paris genau das Richtige für ihn, gleichgültig von welcher Seite er in eine Straße hineinfährt.

Ein armer Prinz aber, der schwach an Kavallerie ist und dessen Infanterie nur aus einem Mann besteht, tut am besten daran, das Feld zu räumen und sich im Kabinett zu bewähren, wenn er hinauf- und hineinkommen kann. Ich sage „hinauf und hinein", denn man kann nicht einfach senkrecht mit einem „*Me voici, mes enfants*" (hier bin ich) zu ihm hinabsteigen, wenn es auch mancher denken mag.

Ich gestehe, daß meine ersten Gefühle, sobald ich in meinem Hotelzimmer einsam und allein zurückblieb, längst nicht so schmeichelhaft waren, wie ich sie mir vorgestellt hatte. Ich trat in meinem staubigen schwarzen Rock nachdenklich an das Fenster und sah durch die Scheiben, wie die ganze Welt in Gelb, Blau und Grün der Arena des Vergnügens zueilte: Die Alten mit zerbrochenen Lanzen und mit Helmen, die das Visier verloren hatten; die Jungen in Waffen, die wie Gold glänzten, umweht von allen bunten Federn des Ostens – alle, alle kämpften dort wie die verwunschenen Ritter in den alten Turnierspielen um Ruhm und Liebe.

Ach, armer Yorick! rief ich, was willst du hier machen? Der erste Ansturm dieses schimmernden Getöses wird dich zu Staub zermalmen. Such, such dir irgendeine gewundene Gasse mit Drehkreuzen an beiden Enden, wo nie ein Wagen gerasselt noch jemals eine Fackel ihre Strahlen ausgesandt hat: Dort magst du deine Seele bei süßen Gesprächen mit einer Grisette von Barbiersfrau trösten und in dergleichen Kränzchen Einlaß finden!

Ich will zum Teufel gehen, wenn ich das tue, sagte ich und zog den Brief aus der Tasche, den ich an Madame de R. zu übergeben hatte. Meine erste Aufwartung soll dieser Dame gelten. Ich rief also La Fleur, mir sogleich einen Barbier zu suchen und dann wiederzukommen und meinen Rock auszubürsten.

Die Perücke

Paris

Als der Barbier kam, weigerte er sich glattweg, das geringste mit meiner Perücke zu schaffen zu haben; es war entweder unter oder über seiner Kunst. Mir blieb nichts übrig, als eine bereits fertige auf seine Empfehlung zu nehmen.

„Aber ich fürchte, mein Freund", sagte ich, „diese Locke wird nicht stehen." – „Sie können sie", versetzte er, „in den Ozean tauchen, und sie wird doch stehen."

Wie großzügig doch in dieser Stadt alles zugeht, dachte ich. Der höchste Ideenflug eines englischen Perückenmachers hätte nicht weiter gereicht, als sie in einen Eimer Wasser zu stecken. Was für ein Unterschied! Er verhält sich wie die Zeit zur Ewigkeit.

Ich gestehe, ich hasse sowohl alle kalten Ausdrücke als auch die dürftigen Ideen, durch die sie erzeugt werden, und werde gewöhnlich von den großen Werken der Natur so ergriffen, daß ich, wenn es anginge, keinen Vergleich ziehen würde, in dem nicht mindestens ein Berg vorkäme. Alles, was man gegen die französische Erhabenheit in diesem Beispiel sagen kann, ist dies: Die Größe liegt *mehr* im *Wort* und *weniger* in der *Sache*. Freilich erfüllt der Ozean die Seele mit großen Ideen; da aber Paris so weit landeinwärts liegt, war es nicht wahrscheinlich, daß ich hundert Meilen reisen würde, um den Versuch anzustellen – der Pariser Barbier hatte sich eigentlich gar nichts dabei gedacht.

Wenn der Wassereimer neben das tiefe Meer gestellt wird, macht er unstreitig in der Rede eine armselige Figur, doch kann man einwenden, daß er einen Vorzug hat: Er steht gleich im Zimmer nebenan, und die Güte der Locke kann ohne Umstände in einem Augenblick geprüft werden.

Um nach einer unparteiischen Untersuchung der Sache

ganz einfach die Wahrheit zu sagen: *Der französische Ausdruck verspricht mehr, als er hält.*

Ich meine, daß ich die wahren und unterscheidenden Merkmale der Nationalcharaktere besser in diesen albernen Kleinigkeiten sehen kann als in den wichtigsten Staatsgeschäften, bei denen die großen Männer aller Nationen so ähnlich handeln und wandeln, daß ich nicht neun Pence dafür geben möchte, unter ihnen wählen zu können.

Es dauerte so lange, bis ich den Händen meines Barbiers entkam, daß ich nicht mehr daran denken konnte, noch am selben Abend mit meinem Brief zu Madame de R. zu gehen. Wenn man aber einmal völlig zum Ausgehen angekleidet ist, kann man mit solchen Gedanken nicht viel anfangen. Also merkte ich mir den Namen des Hôtel de Modène, in dem ich wohnte, und ging aus, ohne im geringsten zu wissen wohin. Unterwegs, sagte ich, will ich mir das überlegen.

Der Puls

Paris

Heil euch, liebe kleine Gefälligkeiten des Lebens, denn ihr ebnet seinen Pfad! Wie die Anmut und die Schönheit beim ersten Anblick unser Herz zur Liebe neigen, so öffnet ihr diese Pforte und laßt den Fremdling ein.

„Bitte, Madame", sagte ich, „haben Sie doch die Güte, mir zu sagen, wie ich am besten zur Opéra comique komme." – „Von Herzen gern, Monsieur", erwiderte sie und legte ihre Arbeit weg.

Ich hatte im Vorbeigehen einen Blick in ein halbes Dutzend Läden geworfen, um ein Gesicht zu finden, das sich bei einer solchen Unterbrechung wahrscheinlich nicht in

Falten legen würde, bis endlich dies meine Gelegenheit zu sein schien und ich eintrat.

Sie saß hinten im Laden, der Tür gegenüber, auf einem niedrigen Stuhl und arbeitete an einem Paar Manschetten.

„*Très volontiers* – von Herzen gern", sagte sie und legte ihre Arbeit auf einen Stuhl neben dem ihrigen, erhob sich von dem niedrigen Armstuhl, auf dem sie saß, mit einer so lebhaften Bewegung und einer so freundlichen Miene, daß, wenn ich auch fünfzig Louisdor bei ihr ausgegeben hätte, ich doch gesagt haben würde: Diese Frau ist entgegenkommend.

„Halten Sie sich nur, Monsieur", sagte sie, indem sie mit mir an die Tür des Ladens ging und mit der Hand die Straße hinunterzeigte, die ich gehen mußte, „halten Sie sich nur zuerst links, *mais prenez garde*, dann kommen zwei Seitenstraßen; seien Sie so gütig, die zweite zu nehmen. Wenn Sie ein Weilchen gegangen sind, werden Sie eine Kirche sehen, und wenn Sie daran vorbei sind, bemühen Sie sich nur gleich nach rechts, dann kommen Sie an den Pont-Neuf, den Sie überschreiten müssen, und drüben wird Ihnen jeder mit Vergnügen den Weg zeigen."

Sie wiederholte ihre Instruktionen dreimal, das letztemal mit ebenso freundlicher Geduld wie beim erstenmal; und wenn *Ton und Benehmen* eine Bedeutung haben – die haben sie gewiß, allerdings nicht für Herzen, die ihnen die Tür verschließen –, so schien ihr wirklich daran gelegen zu sein, daß ich mich nicht verirrte.

Ich will nicht behaupten, daß es die Schönheit dieser Frau war – obgleich sie, wie ich glaube, die hübscheste Grisette war, die ich je gesehen habe –, die sich mit in die Dankbarkeit für ihre Gefälligkeit mischte; ich erinnere mich nur, daß ich ihr sehr tief in die Augen sah, als ich ihr sagte, wie sehr ich ihr verbunden sei, und daß ich meinen Dank ebenso oft wiederholte, wie sie ihre Instruktionen wiederholt hatte.

Ich hatte mich noch keine zehn Schritte von ihrer Tür

entfernt, als ich feststellte, daß ich alles, was sie gesagt hatte, restlos vergessen hatte. Ich drehte mich also um, und da ich bemerkte, daß sie noch vor der Tür stand, als ob sie sehen wollte, ob ich auch richtig ginge, kehrte ich zurück, um sie zu fragen, ob ich mich zuerst nach rechts oder links wenden müßte, denn ich hätte es völlig vergessen. „Ist das möglich?" sagte sie, halb lachend. „Das ist sehr gut möglich", versetzte ich, „wenn ein Mann mehr an die Frau als an ihre guten Ratschläge denkt."

Da dies die reine Wahrheit war, nahm sie sie auf, wie jede Frau dergleichen Wahrheiten aufnimmt, nämlich mit einer leichten Verneigung.

„*Attendez!*" sagte sie und legte ihre Hand auf meinen Arm, um mich aufzuhalten, während sie einem Burschen im Hinterladen zurief, er solle ein Päckchen Handschuhe zurechtmachen. „Eben", sagte sie, „wollte ich ihn mit einem Paket in dieses Stadtviertel schicken, und wenn Sie die Gefälligkeit haben wollen, so lange einzutreten, so wird er in einem Augenblick fertig sein, und dann soll er Sie an Ort und Stelle bringen." Ich ging also mit ihr in den rückwärtigen Teil des Ladens, und indem ich die Manschette, die sie auf den Stuhl gelegt hatte, in die Hand nahm, als ob ich mich setzen wollte, nahm sie auf ihrem Armstuhl Platz, und ich setzte mich sogleich neben sie.

„Er wird in einem Augenblick fertig sein, Monsieur", sagte sie. „Und in diesem Augenblick", versetzte ich, „möchte ich Ihnen gar zu gern für alle Ihre Gefälligkeiten etwas sehr Freundliches sagen. Alle Menschen können gelegentlich eine gute Tat verrichten; eine Häufung von solchen Handlungen aber zeigt, daß das Temperament teil daran hat. Und gewiß", fügte ich hinzu, „wenn es dasselbe Blut ist, das vom Herzen kommt und zu den äußeren Teilen fließt" (hier berührte ich ihr Handgelenk), „so bin ich sicher, Sie müssen den besten Puls von allen Frauen der Welt haben." – „Fühlen Sie ihn", sagte sie und streckte den Arm aus. Ich legte

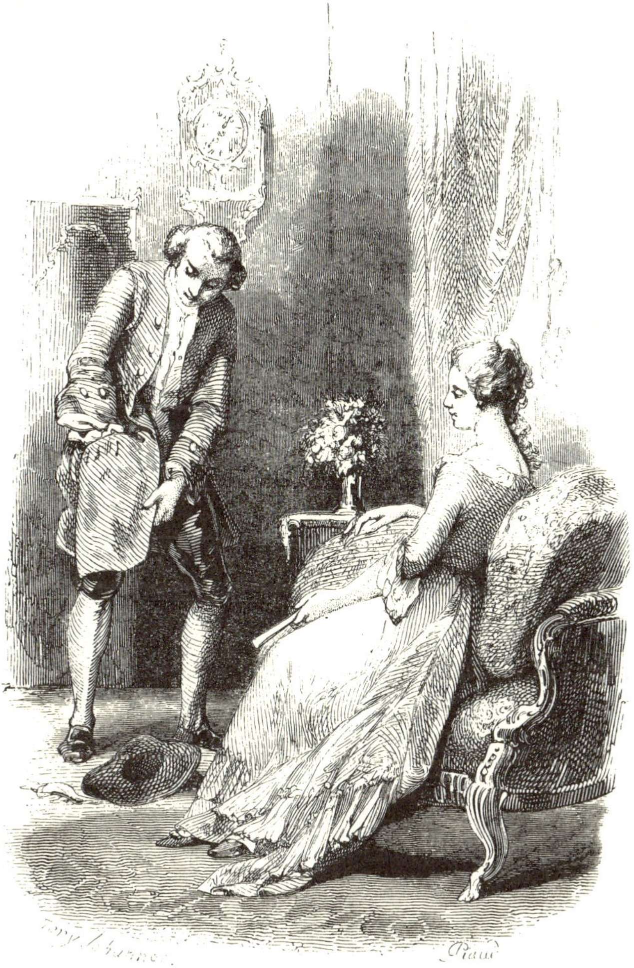

also meinen Hut hin, nahm ihre Finger in die eine Hand und legte die beiden Vorderfinger der anderen an die Arterie.

Wollte der Himmel, mein lieber Eugenius, du wärest vorbeigegangen und hättest mich in meinem schwarzen Rock und mit meinem schmachtenden Gesicht sitzen sehen, wie ich alle Pulsschläge, einen nach dem andern, mit ebenso großer Hingabe zählte, als ob ich die kritische Ebbe und Flut ihres Fiebers untersucht hätte! Wie hättest du über meine neue Tätigkeit gelacht und moralisiert! Und ich hätte dich lachen und moralisieren lassen. Glaube mir, mein lieber Eugenius, ich würde gesagt haben: Es gibt schlimmere Beschäftigungen in der Welt, als *einer Frau den Puls zu fühlen.* Aber einer Grisette, würdest du gesagt haben, und in einem offenen Laden, Yorick!

Desto besser: denn wenn meine Absichten ehrlich sind, Eugenius, so mag meinetwegen die ganze Welt sehen, daß ich ihn fühle.

DER EHEMANN

Paris

Ich hatte zwanzig Pulsschläge gezählt und näherte mich schnell den Vierzigern, als ihr Mann ganz unerwartet aus einem Hinterzimmer in den Laden trat und meine Zählung ein wenig durcheinanderbrachte. Es sei nur ihr Mann, sagte sie, und so fing ich erneut zu zählen an. „Monsieur ist so gütig", sagte sie, als ihr Mann an uns vorbeikam, „sich die Mühe zu machen, mir den Puls zu fühlen." Der Mann nahm den Hut ab, verbeugte sich vor mir und sagte, ich erzeigte ihm zu viel Ehre; und sowie er das gesagt hatte, setzte er den Hut wieder auf und ging fort.

Mein Gott, sprach ich bei mir selbst, als er ging, kann das der Ehemann dieser Frau sein?

Ich bitte die wenigen, die den Grund dieses Ausrufs kennen, sich nicht zu ärgern, wenn ich ihn denen erkläre, die ihn nicht kennen.

In London scheinen ein Ladenbesitzer und eines Ladenbesitzers Frau von einem Bein und Fleisch zu sein; die verschiedenen Gaben des Geistes und des Körpers besitzt zuweilen der eine, zuweilen der andere Teil, so daß im allgemeinen die Rechnung aufgeht und sie sich einigermaßen aufeinander abstimmen, wie es sich für Mann und Frau gehört.

In Paris sind kaum zwei verschiedenartigere Wesen zu finden; denn da die legislative und exekutive Gewalt über den Laden nicht beim Mann liegen, betritt er ihn auch selten. In einem dunklen, schäbigen Hinterzimmer sitzt er, auf dem Kopf eine ausgefranste Nachtmütze, ohne allen Umgang, derselbe rohe Sohn der Natur, als den ihn die Natur erschaffen hat.

Da der Genius eines Volkes, bei dem nichts als die Monarchie *salique* ist, diesen Geschäftsbereich nebst verschiedenen anderen gänzlich den Frauen übertragen hat, so haben diese durch das unaufhörliche Schachern mit Kunden aller Stände und Schichten vom Morgen bis zum Abend, gleich den rohen Kieselsteinen, die lange in einem Sack gerüttelt worden sind, durch freundschaftlichen Verkehr ihre Ecken und scharfen Kanten abgeschliffen und sind nicht nur rund und glatt geworden, sondern nehmen, wenigstens einige von ihnen, sogar eine Politur an wie ein Brillant. *Monsieur le mari* ist kaum mehr wert als der Stein unter unseren Füßen.

Wahrlich, wahrlich, Mensch! es ist nicht gut, daß du allein sitzest. Du wurdest zum geselligen Leben und freundlichen Umgang geschaffen; und daß unsere Natur dadurch veredelt wird, führe ich als Beweis an.

„Und wie schlägt er, Monsieur?" fragte sie. „Genauso

gesund", sagte ich und sah ihr ruhig in die Augen, „wie ich
es erwartet habe." Sie wollte eben eine höfliche Antwort
geben, als der Bursche mit den Handschuhen eintrat. „*A
propos*", sagte ich, „ich brauche selbst einige Paar."

Die Handschuhe

Paris

Die hübsche Grisette stand auf, als ich das sagte, ging
hinter den Ladentisch, holte einen Packen herunter und
machte ihn auf. Ich trat näher und stellte mich ihr gegenüber: Sie waren alle zu groß. Die schöne Grisette maß ein
Paar nach dem andern an meiner Hand – das änderte nichts
an ihrer Größe. Sie bat, ich möchte doch wenigstens ein
Paar anprobieren, das am kleinsten zu sein schien. Sie hielt
sie mir offen hin, meine Hand schlüpfte sofort hinein. „Es
geht nicht", sagte ich und schüttelte leicht den Kopf. „Nein",
sagte sie und tat das gleiche.

Es gibt gewisse zusammengesetzte Blicke von natür-
licher Hintergründigkeit, in denen sich Neckerei und Vernunft und Ernsthaftigkeit und Unsinn so vermischen, daß
sie nicht beschrieben werden könnten, selbst wenn alle
Sprachen, die beim Turmbau zu Babel entstanden, auf einmal losgelassen würden: Sie werden so plötzlich mitgeteilt
und aufgefangen, daß man kaum sagen kann, wer den andern angesteckt hat. Ich überlasse es unseren wortgewaltigen
Männern, ganze Seiten damit anzufüllen. Gegenwärtig genügt es, noch einmal zu sagen: Die Handschuhe paßten
nicht. Wir schlangen also unsere Hände und Arme inein-
ander und lehnten uns über den Ladentisch. Er war schmal,
und zwischen uns war nur eben Raum genug für den Packen
Handschuhe.

Die schöne Grisette sah zuweilen auf die Handschuhe, dann seitlich zum Fenster, dann auf die Handschuhe und dann auf mich. Ich war nicht geneigt, das Schweigen zu brechen: Ich folgte ihrem Beispiel und sah auf die Handschuhe, dann auf das Fenster, dann auf sie, und abwechselnd immer so fort.

Ich fand, daß ich bei jedem Angriff beträchtlich verlor. Sie hatte ein schnelles schwarzes Auge und schoß unter langen seidigen Wimpern mit einem so durchdringenden Blick hervor, daß sie mir bis in Herz und Nieren sah. Dies mag seltsam klingen; aber ich konnte fühlen, daß es so war.

„Es macht nichts", sagte ich und nahm etliche Paar, die mir in die Hand fielen, und steckte sie zu mir.

Es war mir unangenehm, daß die schöne Grisette nicht mehr als ein einziges Livre über den Preis verlangt hatte. Ich wünschte, sie hätte noch ein Livre mehr gefordert, und zerbrach mir den Kopf, wie ich das erreichen sollte. „Glauben Sie, mein werter Herr", sagte sie, indem sie meine Verlegenheit falsch deutete, „daß ich von einem Fremden einen Sou zuviel fordern könnte, und gar von einem Fremden, der mehr aus Höflichkeit, als weil er Handschuhe braucht, mir die Ehre erweist, sich mir in die Hand zu geben? *M'en croyez-vous capable?*" – „Wahrhaftig nicht!" sagte ich. „Doch wenn Sie es könnten, so wäre es mir lieb." Hiermit zählte ich ihr das Geld in die Hand, und mit einer tieferen Verbeugung, als man gewöhnlich der Frau eines Ladenbesitzers zu machen pflegt, ging ich weg, und ihr Bursche folgte mir mit seinem Paket.

Die Übersetzung

Paris

In der Loge, in die man mich führte, war niemand als ein alter freundlicher französischer Offizier. Ich liebe diesen Typ nicht allein deswegen, weil ich den Mann ehre, dessen Sitten durch einen Beruf gemildert sind, der böse Menschen noch schlechter macht, sondern weil ich einst einen kannte – denn er ist nicht mehr! – und warum sollte ich nicht eine Seite vom Untergang erretten, indem ich seinen Namen darauf schreibe und der Welt sage, es war Hauptmann Tobias Shandy, der teuerste meiner Gemeinde und meiner Freunde, an dessen menschenfreundliches Herz ich niemals denke, obgleich er schon lange tot ist, ohne daß meine Augen von Tränen überfließen. Seinetwegen bin ich allen alten Offizieren gewogen, und so stieg ich über die zwei hintersten Bankreihen und setzte mich neben ihn.

Der alte Offizier las mit einer großen Brille aufmerksam in einem kleinen Heft, das vielleicht das Textbuch der Oper war. Sobald ich mich niedergesetzt hatte, nahm er seine Brille ab, legte sie in ein Chagrinlederfutteral und steckte es mit dem Buch in die Tasche. Ich erhob mich halb und verbeugte mich vor ihm.

Übersetze dies in irgendeine Kultursprache der ganzen Welt – der Sinn ist dieser:

Hier ist ein armer Fremder in die Loge gekommen; er scheint niemanden zu kennen und würde, wenn er auch sieben Jahre in Paris bliebe, niemanden kennenlernen, wenn ein jeder, dem er sich nähert, seine Brille auf der Nase behalten wollte. Das hieße ihm die Tür der Konversation vor der Nase zuschlagen und ärger mit ihm umgehen als mit einem Deutschen.

Der französische Offizier hätte es ebensogut laut sagen

können; und hätte er das getan, so hätte ich die Verbeugung, die ich ihm machte, ins Französische übersetzt und zu ihm gesagt, daß ich seine Aufmerksamkeit zu schätzen wisse und ihm dafür tausendmal danken wolle.

Kein Geheimnis fördert die Entfaltung der Geselligkeit so sehr wie die Beherrschung dieser Kurzschrift und die Fertigkeit, die verschiedenen Wendungen der Blicke und Glieder mit allen ihren Abwandlungen und Kurven in klare Worte zu übertragen. Was mich betrifft, so tue ich es infolge einer langen Gewohnheit so mechanisch, daß ich ständig übersetze, wenn ich in London durch die Straßen gehe; und mehr als einmal habe ich mich schon in großen Gesellschaften, wo nicht drei Worte gesprochen wurden, ganz im Hintergrund gehalten und habe trotzdem zwanzig verschiedene Dialoge mitgenommen, die ich recht gut hätte niederschreiben und beschwören können.

In Mailand besuchte ich eines Abends ein Martinisches Konzert und wollte eben in die Tür des Saals treten, als die Marchesa di F. in ziemlicher Eile herauskam. Sie war mir schon ganz nahe, als ich sie bemerkte. Ich sprang also geschwind zur Seite, um ihr Platz zu machen. Sie hatte das gleiche getan, und zwar zur gleichen Seite; wir stießen also mit den Köpfen zusammen. Sie wendete sich augenblicklich nach der anderen Seite, um hinauszukommen; ich war genauso unglücklich wie sie, denn ich war nach der gleichen Seite gesprungen und versperrte ihr wiederum den Weg. Wir flogen beide zur anderen Seite, und dann zurück, und so weiter. Es war lächerlich. Wir wurden beide entsetzlich rot. Endlich tat ich das, was ich gleich anfangs hätte tun sollen: Ich blieb stocksteif stehen, und die Marchesa konnte ungehindert passieren. Ich konnte unmöglich eher in den Saal gehen, als bis ich sie, um ihr eine gewisse Genugtuung zu leisten, mit den Augen bis ans Ende des Ganges begleitet hatte. Sie sah sich zweimal um und hielt sich immer an die Seite, als ob sie einem jeden, der die Treppen heraufkäme, Platz machen wollte. Nein, sagte ich, das ist eine miserable Übersetzung; die Marchesa hat ein Recht auf die beste Entschuldigung, die ich nur vorbringen kann, und diese Gelegenheit wird mir dazu gegeben. Damit lief ich los und bat sie um Verzeihung für die peinliche Lage, in die ich sie gebracht hätte, und sagte, daß es meine Absicht gewesen sei, ihr Platz zu machen. Sie antwortete, sie habe die gleiche Absicht mir gegenüber gehabt. Also dankten wir einander. Sie war an der Treppe angekommen, und da ich keinen Cicisbeo in ihrer Nähe erblickte, bat ich um die Erlaubnis, sie zum Wagen geleiten zu dürfen. Wir stiegen also die Treppen hinunter, und auf jeder dritten Stufe blieben wir stehen, um von dem Konzert und dem Abenteuer zu reden. „Auf mein Wort, Madame", sagte ich, als ich ihr in den Wagen geholfen hatte, „sechs verschiedene Male habe ich versucht, Sie hinauszulassen." – „Und ich", versetzte sie, „versuchte sechsmal, Sie hineinzulassen." – „Der Himmel gebe, daß Sie es zum siebtenmal tun", sagte ich. „Von Herzen gerne", sagte sie und machte Platz. Das Leben ist zu kurz, um lange Komplimente zu machen; deshalb stieg ich ohne Zaudern ein, und sie nahm mich mit sich nach Hause. Und was aus dem Konzert geworden ist, das weiß die heilige Cäcilia, die vermutlich darin gewesen ist, besser als ich.

Ich will nur noch hinzufügen, daß die Bekanntschaft, die aus dieser Übersetzung entstand, mir mehr Vergnügen verschafft hat als irgendeine andere, die ich in Italien zu machen die Ehre gehabt habe.

Der Zwerg

Paris

Ich hatte die Bemerkung noch nie in meinem Leben gehört, ausgenommen von einem; und wer der eine gewesen ist, das wird wahrscheinlich dieses Kapitel zeigen. Da ich also kaum voreingenommen war, muß die Verwunderung, die mich in dem Augenblick überfiel, da ich meine Augen aufs Parterre richtete, wohl Gründe gehabt haben, und zwar wunderte ich mich über das unerklärbare Spiel der Natur in der Bildung einer solchen Menge von Zwergen. Sie treibt ihr Spiel freilich zu gewissen Zeiten in fast allen Winkeln der Erde; in Paris aber haben ihre Vergnügungen kein Ende gefunden: die Göttin scheint hier beinahe ebenso kurzweilig wie weise zu sein.

Da ich meine Idee aus der Opéra comique mit mir nahm, so maß ich danach einen jeden, den ich auf der Straße spazieren sah. Was für eine traurige Erfahrung – besonders wenn die Körpergröße so außerordentlich gering ist, das Gesicht außerordentlich dunkel, die Augen lebhaft, die Nase lang, die Zähne weiß, das Kinn vorstehend –, so viele Unglückliche zu sehen, die von der Gewalt des Zufalls aus ihrer eigenen Klasse bis zum äußersten Rand einer anderen getrieben wurden – wie schmerzt es mich, das niederzuschreiben! Jeder dritte ein Pygmäe! Einige durch verkümmerte Köpfe und bucklige Rücken, andere durch krumme Beine, eine dritte Gruppe von der Hand der Natur im sechsten oder siebten Jahre ihres Wachstums angehalten, eine vierte in ihrem vollkommenen und natürlichen Zustand, gleich den Zwergapfelbäumen, die von den ersten Ansätzen und Anfängen ihrer Existenz an niemals dazu bestimmt sind, höher zu wachsen.

Ein medizinischer Reisender könnte vielleicht sagen, das

komme vom unangebrachten Bandagieren, ein Milzsüchtiger, vom Mangel an Luft, und ein neugieriger Reisender könnte, um die Hypothese zu untermauern, ausmessen, wie hoch ihre Häuser, wie eng ihre Straßen sind und auf wie wenig Quadratfuß Raum im sechsten und siebten Stockwerk eine bestimmte Anzahl von Angehörigen der *bourgeoisie* zusammen ißt und schläft; ich aber erinnere mich, daß Herr Shandy der Ältere, der sich immer über alles seine eigene Meinung bildete, eines Abends, als er über diese Dinge sprach, behauptete, daß Kinder wie alle anderen Tiere zu einer beliebigen Größe aufgezogen werden könnten, vorausgesetzt, daß sie richtig auf die Welt kämen; leider aber lebten die Bürger in Paris so eng zusammengepfercht, daß sie tatsächlich nicht Raum genug hätten, Kinder zu bekommen. „Ich nenne das nicht: etwas bekommen", sagte er, „es heißt: nichts bekommen. Ja", fuhr er fort, indem er sich immer mehr in seine Darlegungen hineinsteigerte, „es heißt etwas Schlimmeres bekommen als nichts, wenn alles, was man bekommt, nachdem man zwanzig oder fünfundzwanzig Jahre lang die zärtlichste Pflege und die nahrhaftesten Speisen darauf verwendet hat, nicht einmal so hoch gewachsen ist wie mein Bein." Da nun Herr Shandy sehr klein war, konnte man sich wohl nicht stärker ausdrücken.

Da dies kein wissenschaftliches Buch ist, lasse ich die Lösung des Problems auf sich beruhen und begnüge mich mit der bloßen Wahrheit der Beobachtung, die in jeder Gasse und Nebengasse von Paris bestätigt wird. Ich ging die hinunter, welche vom Carrousel zum Palais Royal führt, und da ich einen kleinen Knaben ratlos vor der Gosse stehen sah, die mitten auf der Straße verläuft, reichte ich ihm die Hand und half ihm hinüber. Als ich mir dann sein Gesicht zudrehte, um es genauer zu beobachten, merkte ich, daß er ungefähr vierzig Jahre alt war. „Macht nichts", sagte ich, „irgendein guter Mensch wird mir einmal den gleichen Dienst erweisen, wenn ich neunzig bin."

Ich fühle in mir einige kleine Grundsätze, die mich geneigt machen, mit diesem armen, verkümmerten Teil meiner Spezies, der weder die Größe noch die Kraft besitzt, in der Welt voranzukommen, Mitleid zu haben. Ich kann es nicht mit ansehen, daß man einen davon mit Füßen tritt; und kaum hatte ich mich neben meinen alten französischen Offizier gesetzt, als mein Widerwille dadurch erregt wurde, daß sich unter der Loge, in der wir saßen, ausgerechnet eine solche Szene abspielte.

Am Ende des Orchesters, zwischen diesem und der ersten Seitenloge ist ein schmaler Raum frei gelassen, wo, wenn das Haus voll ist, Personen aller Stände noch Zuflucht finden. Obgleich man hier stehen muß wie im Parterre, muß man doch ebensoviel bezahlen wie im Orchester. Ein armes hilfloses Ding der obenerwähnten Klasse war auf die eine oder andere Art an diesen unglücklichen Ort geraten. Der Abend war sehr warm, und er war von Geschöpfen umringt, die zweieinhalb Fuß größer waren. Der Zwerg litt von allen Seiten unaussprechlich; was ihm aber die meiste Unbequemlichkeit verursachte, war ein langer, dicker Deutscher, der fast sieben Fuß maß und gerade zwischen ihm und jeglicher Möglichkeit stand, die Bühne oder die Schauspieler zu sehen. Der arme Zwerg gab sich alle Mühe, durch irgendeine kleine Öffnung zwischen dem Arm und dem Körper des Deutschen einen Blick auf das zu erhaschen, was vorne vorging; er versuchte es erst auf der einen, dann auf der anderen Seite, aber der Deutsche stand breitbeinig da in der rücksichtslosesten Haltung, die man sich nur vorstellen kann. Der Zwerg hätte ebensogut auf dem Boden des tiefsten Ziehbrunnens in Paris stehen können; er hob also ganz höflich die Hand bis zum Ärmel des Deutschen und klagte ihm seine Not. Der Deutsche drehte den Kopf herum, sah auf ihn herab wie Goliath auf den kleinen David und nahm mitleidslos wieder seine frühere Haltung ein.

Dies geschah, als ich eben eine Prise Tabak aus der kleinen hörnernen Dose meines Mönchs nahm. Und wie würde dein sanftes, freundliches Gemüt, mein lieber Mönch, so geschaffen zum *Leiden und Vergeben* – wie gütig würde es den Klagen dieser armen Seele sein Ohr geliehen haben!

Der alte französische Offizier, der bemerkte, daß ich bei dieser Apostrophe ganz bewegt meine Augen erhob, nahm sich die Freiheit, mich zu fragen, was mir fehle. Ich erzählte ihm die Geschichte in drei Worten und fügte hinzu, wie unmenschlich es sei.

Mittlerweile war der Zwerg zum Äußersten getrieben worden, und in den ersten Aufwallungen, die gewöhnlich unvernünftig sind, hatte er dem Deutschen gesagt, er wolle ihm mit seinem Messer den langen Zopf abschneiden. Der Deutsche sah sich ganz kühl um und sagte, er solle es nur tun, wenn er ihn erreichen könne.

Eine Beleidigung, die durch Hohn noch bitterer wird, sie treffe, wen sie wolle, bringt jeden rechtschaffenen Mann in Harnisch: Ich hätte aus der Loge springen mögen, um sie wiedergutzumachen. Der alte französische Offizier tat es mit weit weniger Umständen; denn indem er sich ein wenig vornüberbeugte, winkte er einer Schildwache und zeigte zugleich mit dem Finger auf das Ärgernis. Die Schildwache begab sich dorthin. Eine Schilderung der Notlage war überflüssig, denn sie sprach für sich selbst; der Soldat stieß also den Deutschen mit der Muskete zurück, faßte den armen Zwerg bei der Hand und stellte ihn vor den anderen. „Das ist edel!" sagte ich und klatschte in die Hände. „In England", sagte der alte Offizier, „würde man gleichwohl so etwas nicht erlauben."

„In England, mein Herr", sagte ich, *„können wir alle ganz bequem sitzen."*

Der alte französische Offizier hätte mich wieder beruhigt, falls ich meine Ruhe verloren hätte, indem er sagte, es sei ein *bon mot* gewesen – und weil in Paris ein *bon mot* immer etwas wert ist, bot er mir eine Prise Tabak an.

Die Rose

Paris

Jetzt kam die Reihe an mich, den alten französischen Offizier zu fragen, was geschehen sei, denn das Geschrei *„Haussez les mains, Monsieur l'Abbé!"* das von einem Dutzend verschiedener Stellen im Parterre widerhallte, war mir ebenso unverständlich, wie meine Apostrophe an den Mönch es ihm gewesen war.

Er sagte mir, es handle sich um einen armen Abbé in einer der oberen Logen, der sich vermutlich heimlich hinter ein paar Grisetten gesetzt habe, um die Oper zu sehen, und das Parterre habe ihn erspäht und bestehe nun darauf, daß er während der Vorstellung beide Hände hochhebe. „Kann man denn glauben", sagte ich, „daß ein Geistlicher den Grisetten die Taschen ausleeren würde?" Der alte französische Offizier lächelte, und indem er mir etwas ins Ohr raunte, öffnete er mir die Tür zu einem Wissen, von dem ich nicht die geringste Ahnung hatte.

„Himmel!" sagte ich und wurde blaß vor Erstaunen. „Ist es möglich, daß ein Volk, das so sehr von schönen Empfindungen erfüllt ist, zu gleicher Zeit so unsauber und sich selbst so unähnlich sein kann? *Quelle grossièreté!"* setzte ich hinzu.

Der französische Offizier sagte, es sei eine derbe Verhöhnung der Kirche, die im Theater in der Zeit aufgekommen sei, als Molière seinen Tartüff auf die Bühne gebracht habe, die aber, gleich anderen Überbleibseln barbarischer Sitten, jetzt allmählich aus der Mode komme. Alle Nationen, fuhr er fort, hätten ihre Verfeinerungen und ihre *grossièretés*, in denen sie abwechselnd führend seien oder die Führung an andere abgeben müßten; er sei in verschiedenen Ländern gewesen, aber niemals in einem, wo er nicht gewisse Feinheiten gefunden habe, die anderen zu fehlen schienen. *Le pour et le contre se trouvent en chaque nation.* Es finde sich überall, sagte er, ein Gleichgewicht von Gut und Böse, und nichts als das Wissen um diese Tatsache könne die eine Hälfte der Welt von den Vorurteilen befreien, die sie gegen die andere gefaßt habe. Der Nutzen des Reisens im Hinblick auf das *sçavoir vivre* bestehe darin, viele Menschen und Sitten kennenzulernen; es lehre uns gegenseitige Toleranz, und gegenseitige Toleranz, schloß er, indem er sich von mir verbeugte, lehre uns gegenseitige Liebe.

Der alte französische Offizier brachte dies mit so viel Aufrichtigkeit und gesundem Menschenverstand vor, daß mein erster günstiger Eindruck von seinem Charakter vollauf bestätigt wurde. Ich glaubte den Mann zu lieben, ich fürchte aber, daß ich mich im Gegenstand getäuscht habe: Es war meine eigene Art zu denken, nur mit dem Unterschied, daß ich es nicht halb so gut hätte ausdrücken können.

Es ist gleich lästig für den Reiter und für sein Tier, wenn das letztere immer die Ohren gespitzt hat und unterwegs vor jedem Gegenstand, den es noch nie vorher gesehen hat, stutzig wird. Ich habe so wenig von dieser unangenehmen Eigenschaft an mir wie nur irgendeine lebendige Kreatur, und dennoch muß ich aufrichtig bekennen, daß mich im ersten Monat manche Dinge beunruhigt haben und daß ich bei manchen Worten errötet bin, die mir im zweiten harmlos und vollkommen unschuldig vorkamen.

Madame de Rambouillet erwies mir, nachdem ich etwa sechs Wochen mit ihr bekannt war, die Ehre, mich in ihrem Wagen ungefähr zwei Meilen aus der Stadt mitzunehmen. Es gibt keine korrektere Frau als Madame de Rambouillet, und ich wünsche keine mit mehr Tugenden und reinerem Herzen zu sehen. Als wir zurückfuhren, bat mich Madame de Rambouillet, die Schnur zu ziehen. Ich fragte, ob sie etwas brauche. *„Rien que pisser"*, sagte Madame de Rambouillet.

Gräme dich nicht, wohlwollender Reisender, daß Madame de Rambouillet p...n muß. Und ihr, schöne, mystische Nymphen, geht alle hin und *pflückt eure Rose* und streut sie auf euren Weg, denn Madame de Rambouillet tat nichts anderes. Ich hob Madame de Rambouillet aus dem Wagen, und wäre ich der Priester der keuschen Castalia gewesen, ich hätte an ihrem Brunnen nicht mit ehrfurchtsvollerem Anstand dienen können.*

Die Fille de Chambre

Paris

Was der alte französische Offizier über das Reisen gesagt hatte, erinnerte mich an den Rat, den Polonius über denselben Gegenstand seinem Sohn erteilte, und das erinnerte mich an Hamlet und Hamlet an die übrigen Werke Shakespeares; also ging ich auf dem Heimweg zum Quai de Conti, um eine vollständige Ausgabe zu kaufen.

Der Buchhändler sagte, er habe kein einziges Exemplar. „*Comment?*" fragte ich und nahm einen Band aus einer Ausgabe, die auf dem Ladentisch zwischen uns lag, in die Hand. Er sagte, er habe sie nur für jemanden binden lassen und müsse sie am nächsten Morgen dem Grafen von B. nach Versailles zurückschicken.

„Liest denn der Graf von B.", sagte ich, „den Shakespeare?" – „*C'est un esprit fort*", versetzte der Buchhändler. „Er liebt englische Bücher, und was noch mehr zu seiner Ehre gereicht, Monsieur, er liebt auch die Engländer." – „Sie sagen das so liebenswürdig", erwiderte ich, „daß ein Engländer sich verpflichtet fühlen muß, ein paar Louisdor

---

* Hier endete ursprünglich der erste Band (Anmerkung des Übersetzers).

in Ihrem Laden auszugeben.“ Der Buchhändler verneigte sich und wollte gerade antworten, als ein junges ehrbares Mädchen von ungefähr zwanzig Jahren, das nach seiner Kleidung und seinem Benehmen *fille de chambre* bei irgendeiner frommen vornehmen Dame zu sein schien, in den Laden kam und „*Les Égarements du Cœur et de l'Esprit*“* verlangte. Der Buchhändler gab ihr sogleich das Buch; sie zog einen kleinen grünen Satinbeutel, der mit einem Band von derselben Farbe eingefaßt war, aus der Tasche, griff mit einem Finger und dem Daumen hinein, holte das Geld heraus und bezahlte. Da mich nichts mehr im Laden festhielt, gingen wir zugleich aus der Tür.

„Und was haben Sie mit den ‚Verirrungen des Herzens‘ zu schaffen, mein liebes Kind?“ sagte ich. „Sie wissen doch kaum, daß Sie ein Herz haben, und werden es auch nicht eher erfahren, bis es Ihnen die Liebe sagt oder bis es die Untreue irgendeines Schäfers beseufzt.“ – „*Le Dieu m'en garde!*“ sagte das Mädchen. „Mit Recht“, sagte ich, „denn wenn es ein gutes ist, so ist's schade, daß es gestohlen werden soll; es ist für Sie ein kleiner Schatz und gibt Ihrem Gesicht eine größere Zierde, als wenn es mit Perlen geschmückt wäre.“

Das junge Mädchen hörte mit demütiger Aufmerksamkeit zu und hielt beständig ihren Satinbeutel am Band in der Hand. „Er ist sehr klein“, sagte ich und faßte ihn von unten – sie hielt ihn mir entgegen –, „und es ist auch sehr wenig darin, mein Kind; aber seien Sie nur so gut, wie Sie schön sind, so wird ihn der Himmel schon füllen.“ Ich hielt etliche Kronen in der Hand, für die ich den Shakespeare hatte kaufen wollen; und als sie den Beutel ganz losließ, steckte ich eine davon hinein, machte eine Schleife in das Band und gab ihn ihr zurück.

Der Knicks, den mir das Mädchen machte, war mehr

* Roman von Claude Crébillon (1707–1777) (Anmerkung des Übersetzers).

ehrerbietig als tief – es war eine von jenen ruhigen, dankbaren Neigungen, bei denen sich die Seele selbst verneigt; der Körper tut dabei nichts, als es auszudrücken. In meinem ganzen Leben habe ich noch nie einem Mädchen eine Krone gegeben, die mir halb soviel Vergnügen gemacht hätte.

„Mein Rat, mein liebes Kind", sagte ich, „wäre nicht eine Stecknadel wert gewesen, wenn ich dies nicht dazugegeben hätte: Nun aber werden Sie sich an ihn erinnern, wenn Sie die Krone ansehen. Vertun Sie sie also nicht in Bändern."

„Mein Herr, auf mein Wort", sagte das Mädchen ganz ernsthaft, „dazu bin ich nicht fähig." Indem sie das sagte, gab sie mir, wie es bei solchen kleinen Ehrenhändeln üblich ist, die Hand. „*En vérité, Monsieur, je mettrai cet argent à part*", sagte sie.

Wenn zwischen Mann und Frau eine tugendhafte Vereinbarung getroffen worden ist, so heiligt das ihre geheimsten Gänge; so machten wir uns, obwohl es schon dämmerte, kein Gewissen daraus, zumal wir beide den gleichen Weg hatten, zusammen den Quai de Conti entlangzuspazieren.

Sie machte mir, als wir unseren Weg antraten, einen zweiten Knicks, und ehe wir noch zwanzig Schritte von der Tür entfernt waren, blieb sie, als ob sie vorher noch nicht genug getan hätte, einen Augenblick stehen, um mir nochmals zu sagen, daß sie mir danke.

„Es war ein kleiner Tribut", sprach ich zu ihr, „den ich der Tugend habe bezahlen müssen, und um alles in der Welt möchte ich mich nicht in der Person getäuscht haben, die ihn empfangen hat. Aber, mein liebes Kind, ich sehe Unschuld in Ihrem Gesicht, und wehe dem Mann, der ihr jemals Fallstricke legt!"

Das Mädchen wurde auf die eine oder andere Art durch das, was ich sagte, gerührt. Sie stieß einen kleinen Seufzer aus. Ich fand, daß ich gar nicht berechtigt war, nach seinem Grund zu fragen; also sagte ich nichts mehr, bis ich

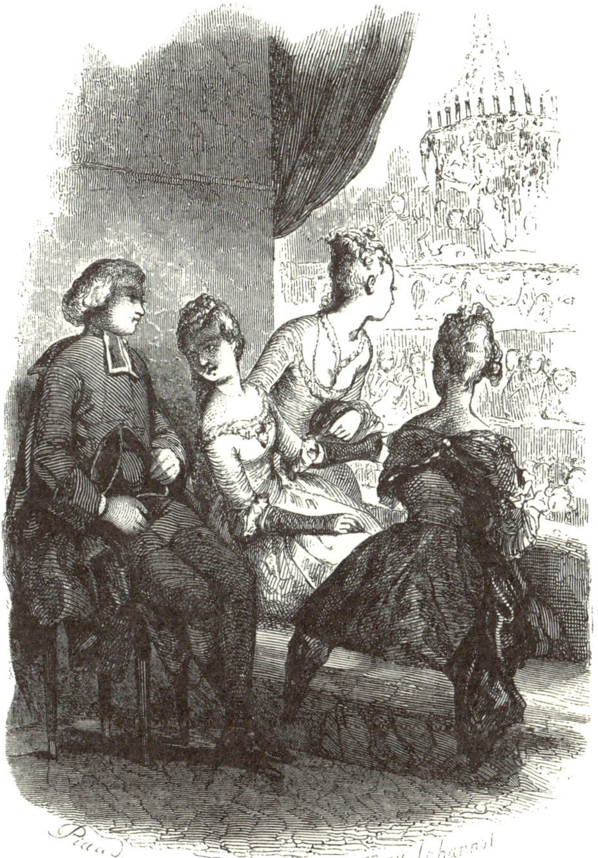
Piaud
Tony Johannot

an die Ecke der Rue de Nevers kam, wo wir uns trennen sollten.

„Aber ist das der Weg, mein liebes Kind", fragte ich, „zum Hôtel de Modène?" Sie sagte, er sei es, aber ich könne auch durch die nächste Straße, die Rue Guénégaud, gehen. „So will ich durch die Rue Guénégaud gehen, mein liebes Kind", sagte ich, „und zwar aus zwei Gründen: erstens zu meinem eigenen Vergnügen, und zweitens, um Sie auf Ihrem Weg durch meine Begleitung so lange zu schützen, wie ich kann." Das Mädchen war empfänglich für meine Höflichkeit und sagte, sie wünsche, das Hôtel de Modène wäre in der Rue de St. Pierre. „Wohnen Sie dort?" fragte ich. Sie sagte, sie sei *fille de chambre* bei Madame R. „Himmel!" sagte ich, „das ist ja die Dame, für die ich einen Brief aus Amiens mitgebracht habe." Das Mädchen erzählte mir, sie glaube, Madame R. erwarte einen Fremden mit einem Brief und sei ungeduldig, ihn zu sehen. Also bat ich das Mädchen, mich Madame R. zu empfehlen und ihr zu sagen, daß ich ihr ganz gewiß am nächsten Morgen meine Aufwartung machen würde.

Während dies geschah, standen wir an der Ecke der Rue de Nevers still; wir hielten uns einen Augenblick auf, um es mit ihren *Égarements du Cœur* etc. bequemer einzurichten, als sie in der Hand zu tragen. Es waren zwei Bände; also hielt ich den zweiten so lange, bis sie den ersten in ihre Tasche gesteckt hatte; dann hielt sie mir die Tasche auf, und ich steckte den andern ebenfalls hinein.

Es ist süß zu fühlen, mit welchen feingesponnenen Fäden unsere Neigungen zusammengezogen werden!

Wir gingen von neuem weiter, und beim dritten Schritt schob das Mädchen ihre Hand unter meinen Arm. Ich wollte ihr ihn eben anbieten, aber sie tat es von sich aus mit jener unbefangenen Selbstverständlichkeit, die bezeugte, wie wenig sie daran dachte, daß wir uns gerade erst kennengelernt hatten. Ich für meinen Teil hatte ein so starkes Gefühl der

Blutsverwandtschaft, daß ich nicht umhinkonnte, mich halb umzudrehen, um ihr ins Gesicht zu schauen und nachzusehen, ob ich nicht so etwas wie Familienähnlichkeit darin entdecken könnte. „He!" sagte ich, „sind wir denn nicht alle miteinander verwandt?"

Als wir ans Ende der Rue Guénégaud gekommen waren, stand ich still, um ihr endgültig adieu zu sagen; das Mädchen dankte mir nochmals für meine Begleitung und Freundlichkeit. Zweimal sagte sie mir adieu. Ich wiederholte es ebensooft, und unser Abschied war so herzlich, daß ich, wäre es irgendwo anders gewesen, nicht sicher bin, ob ich ihn nicht ebenso innig und heilig wie ein Apostel mit einem Liebeskuß würde besiegelt haben.

Da sich aber in Paris niemand küßt als die Männer, so tat ich, was auf dasselbe hinausläuft:

Ich empfahl sie dem Schutz des Himmels.

DER PASS

Paris

Als ich wieder in mein Hotel kam, sagte mir La Fleur, daß der *Lieutenant de Police* nach mir gefragt habe. „Hol's der Teufel!" sagte ich. „Ich weiß schon den Grund." Es ist Zeit, daß der Leser ihn auch erfahre; denn an der Stelle, wo er hingehört hätte, wurde er ausgelassen. Vergessen hatte ich zwar nicht, wenn ich ihn aber damals erzählt hätte, so wäre er vielleicht schon wieder vergessen, und jetzt ist die Zeit, da ich ihn brauche.

Ich hatte London so überstürzt verlassen, daß es mir gar nicht bewußt wurde, daß wir mit Frankreich Krieg führten; und ich war bis Dover gekommen und hatte durch mein Glas die Hügel jenseits Boulogne entdeckt, ehe mir dieser Gedanke kam und damit die Einsicht, daß ich ohne Paß nicht hinüberkommen könne. Wenn ich auch nur bis an das Ende einer Straße gegangen bin, so tut es mir in der Seele leid, wenn ich nicht klüger zurückkehre, als ich vorher war; und da dies eine der größten Anstrengungen war, die ich je gemacht habe, um Weisheit zu erwerben, konnte ich den Gedanken noch weniger ertragen. Als ich also hörte, daß der Graf von *** das Paketboot gemietet habe, bat ich ihn, mich in seiner *suite* mitzunehmen. Der Graf hatte etwas von mir gehört und machte also wenig oder gar keine Schwierigkeiten. Er sagte nur, seine Hilfsbereitschaft könne nicht weiter reichen als bis Calais, weil er über Brüssel nach Paris zurückreisen müsse; indessen könne ich, wenn ich erst einmal dort wäre, ohne Aufenthalt nach Paris gelangen; allerdings müsse ich mir dann in Paris Freunde suchen und mich selbst durchschlagen. „Lassen Sie mich nur erst in Paris sein, Herr Graf", sagte ich, „dann werde ich schon durchkommen." Ich schiffte mich also ein und dachte nicht weiter darüber nach.

Als mir La Fleur sagte, daß der *Lieutenant de Police* sich nach mir erkundigt habe, fiel mir die Sache sofort wieder ein, und als La Fleur mit seiner Erzählung fertig war, kam der Besitzer des Hotels ins Zimmer, um mir dasselbe zu sagen, mit dem Zusatz, daß man besonders nach meinem Paß gefragt habe; der Hotelier schloß mit der Bemerkung, er hoffe, daß ich einen hätte. „Mein Gott, nein!" erwiderte ich.

Der Hotelbesitzer wich drei Schritte vor mir zurück, als ich ihm dies sagte, als ob ich an einer ansteckenden Krankheit litte, und der arme La Fleur trat drei Schritte auf mich zu, mit jener Art von Bewegung, die eine gute Seele macht, um jemandem, der in Not ist, beizuspringen. Der Kerl gewann dadurch mein Herz; und an diesem einzigen *trait* erkannte ich seinen Charakter so vollkommen und konnte mich so fest auf ihn verlassen, als ob er mir schon sieben Jahre lang treu und ehrlich gedient hätte.

„*Mon seigneur!*" rief der Hotelbesitzer. Er faßte sich aber sogleich, als ihm dieser Ausruf entfahren war, und änderte den Ton. „Wenn Monsieur", sagte er, „keinen Paß hat, so hat er *apparemment* wahrscheinlich Freunde in Paris, die ihm einen verschaffen können." – „Ich wüßte niemanden", sagte ich mit gleichgültiger Miene. „Dann, *certes*", versetzte er, „wird man Sie in die Bastille oder *au moins* ins Chatelet schicken." – „Pah!" sagte ich, „der König von Frankreich ist ein gutmütiger Mann, er tut niemandem etwas zuleide." – „*Cela n'empêche pas*", sagte er, „Sie werden gewiß morgen früh in die Bastille gebracht." – „Aber ich habe Ihre Zimmer für einen Monat gemietet", antwortete ich, „und alle Könige von Frankreich auf der Welt sollen mich keinen Tag früher daraus vertreiben." La Fleur raunte mir ins Ohr, dem König von Frankreich könne sich niemand widersetzen.

„*Pardi*", sagte mein Wirt, „*ces messieurs anglois sont des gens très extraordinaires!*" Und nachdem er das gesagt und beschworen hatte, ging er hinaus.

Der Pass

Das Hotel in Paris

Ich konnte es nicht übers Herz bringen, La Fleur mit einer ernsthaften Betrachtung über den Gegenstand meiner Verlegenheit zu quälen; das war der Grund, weshalb ich die Sache so auf die leichte Schulter nahm; und um ihm zu zeigen, wie wenig ich mir daraus machte, ließ ich das Thema ganz fallen, und während er mir beim Abendessen aufwartete, sprach ich aufgeräumter als sonst mit ihm von Paris und der Opéra comique. La Fleur war selbst darin gewesen und war mir durch die Straßen bis zu dem Buchladen gefolgt; als La Fleur mich aber mit der jungen *fille de chambre* herauskommen und mit ihr über den Quai de Conti gehen sah, hielt er es für unnötig, mir einen Schritt weiter zu folgen. Indem er seine eigenen Betrachtungen darüber anstellte, nahm er einen kürzeren Weg und kam früh genug ins Hotel, um noch vor meiner Ankunft von der Sache mit der Polizei zu erfahren.

Sobald der ehrliche Kerl abgedeckt hatte und hinuntergegangen war, um selbst zu essen, begann ich ein wenig ernsthaft über meine Situation nachzudenken.

Und hier – das weiß ich, Eugenius – wirst du lächeln, wenn du dich des kleinen Gesprächs erinnerst, das kurz vor meiner Abreise zwischen uns stattfand. Ich muß es hier erzählen.

Eugenius, der wußte, daß ich ebensowenig mit Geld wie mit Gedanken überladen zu sein pflege, hatte mich beiseite gezogen, um mich zu fragen, für wieviel ich gesorgt hätte. Als ich ihm genau die ganze Summe nannte, schüttelte er den Kopf und sagte, es werde nicht reichen; damit zog er seine Börse hervor, um sie in die meinige auszuleeren. „Auf mein Gewissen, Eugenius, ich habe genug", sagte ich. „Wahrhaftig, Yorick, das hast du nicht", entgegnete Eugenius. „Ich kenne Frankreich und Italien besser als du." – „Du bedenkst aber nicht, Eugenius", sagte ich, indem ich sein Anerbieten ausschlug, „daß ich, bevor ich noch drei Tage in Paris gewesen bin, schon etwas sagen oder tun werde, weswegen man mich in die Bastille sperren muß, und daß ich dort ein paar Monate gänzlich auf Kosten des Königs leben werde." – „Ich bitte um Vergebung", sagte Eugenius trocken, „an diesen Spartopf hatte ich nicht gedacht."

Jetzt stand das Ereignis, das ich damals im Scherz genannt hatte, allen Ernstes vor meiner Tür.

Ist es Torheit oder Sorglosigkeit oder Philosophie oder Starrsinn oder sonst etwas in mir, daß ich trotz alledem, als La Fleur hinuntergegangen und ich ganz allein war, meinen

Geist nicht dazu bewegen konnte, anders darüber zu denken, als ich damals mit Eugenius darüber gesprochen hatte?

Und was die Bastille angeht, so liegt der Schrecken nur im Wort. Man stelle sie sich so schlimm vor, wie man kann, sagte ich zu mir selbst, die Bastille ist bloß ein anderes Wort für Turm, und Turm ist bloß ein anderes Wort für ein Haus, aus dem man nicht herauskommen kann. Gnade für die armen Gichtkranken! denn sie sitzen zweimal im Jahr darin. Aber mit neun Livre im Tag und Feder und Tinte und Papier und Geduld kann ein Mann in einem Haus, auch wenn er es nicht verlassen darf, ganz gut leben, wenigstens einen Monat oder sechs Wochen lang; nach Ablauf dieser Zeit erweist sich, wenn er niemandem etwas zuleide getan hat, seine Unschuld, und er kommt besser und weiser heraus, als er hineingegangen ist.

Als ich mir darüber klargeworden war, hatte ich irgend etwas (ich weiß nicht mehr was) im Hof zu verrichten, und ich erinnere mich, daß ich mit nicht geringem Triumph über meine geistreichen Schlüsse die Treppe hinunterstieg. „Zum Henker mit dem düsteren Pinsel!" sagte ich prahlerisch, „denn ich beneide ihn nicht um seine Macht, alle Übel des Lebens in so harten und schwarzen Farben zu malen: Der Geist sitzt entsetzt vor den Gegenständen, die er selbst vergrößert und schwarz angemalt hat; man muß sie nur auf ihre wahre Größe und Farbe zurückführen, so sieht der Geist darüber hinweg. Es ist wahr", sagte ich, um den Satz näher zu bestimmen, „die Bastille ist kein so verabscheuungswürdiges Übel. Man nehme ihr nur die Türme, fülle den Graben auf, entriegle die Türen, nenne es bloß Hausarrest und nehme an, eine Unpäßlichkeit und nicht ein Mann sei der Tyrann, der einen in Haft hält, so ist das Übel verschwunden, und die andere Hälfte erträgt man ohne Murren."

Ich wurde mitten in meinem schönen Selbstgespräch durch eine Stimme unterbrochen, die von einem Kind zu kommen schien, welches klagte, daß es nicht herauskommen könne. Ich sah den Gang auf und nieder, und da ich weder Mann, Frau noch Kind erblickte, ging ich hinunter, ohne mich weiter darum zu kümmern.

Als ich auf dem Rückweg wieder durch den Gang kam, hörte ich, wie die nämlichen Worte zweimal wiederholt wurden, und als ich aufblickte, sah ich, daß es ein Star in einem kleinen Käfig war. „Ich kann nicht raus, ich kann nicht raus", sagte der Star.

Ich blieb stehen und betrachtete den Vogel; und sooft jemand durch den Gang kam, flatterte er mit ausgebreiteten Flügeln zu der Seite des Käfigs, wo man vorbeiging, und wiederholte dieselben Klagen über seine Gefangenschaft. „Ich kann nicht raus", sagte der Star. „Gott helfe dir!" sagte ich. „Ich will dich herauslassen, es koste, was es wolle." Damit ging ich um den Käfig herum, um die Tür zu suchen; sie war aber so fest zweimal mit Draht verschlossen, daß man sie nicht öffnen konnte, ohne den ganzen Käfig in Stücke zu brechen. Ich machte mich mit beiden Händen ans Werk.

Der Vogel flog zu der Stelle, wo ich seine Freiheit zu erwirken suchte, und indem er den Kopf durch das Gitter steckte, drückte er mit der Brust dagegen, als ob er ungeduldig wäre. „Ich fürchte, armes Ding", sagte ich, „daß ich dich nicht werde befreien können." – „Nein", sagte der Star, „ich kann nicht raus, ich kann nicht raus."

Ich versichere, daß niemals meine Gefühle zärtlicher erregt wurden und daß ich mich keiner Begebenheit in meinem Leben erinnere, bei der meine zerstreuten Geister, die meine Vernunft zum besten gehabt hatten, so plötzlich zurückgerufen worden sind. So mechanisch auch die Töne waren, sie wurden gleichwohl so im Einklang mit der Natur hervorgebracht, daß sie in einem Augenblick meine systematischen Schlußfolgerungen hinsichtlich der Bastille über den Haufen warfen. Ich ging schweren Schrittes die Treppe hinauf und nahm jedes Wort zurück, das ich beim Hinuntergehen gesagt hatte.

„Verbirg dich, wie du willst, dennoch, Sklaverei", sagte ich, „dennoch bist du ein bitterer Trank! Und obgleich man dich zu allen Zeiten Tausenden zu trinken gegeben hat, so bist du doch darum nicht weniger bitter. Du aber, dreimal süße und holde Göttin" – ich richtete meine Worte an die *Freiheit*, die jedermann heimlich oder öffentlich verehrt, deren Geschmack lieblich ist und es stets bleiben wird, bis die *Natur* selbst sich ändert –, „kein schmutziges Wort kann deinen schneeweißen Mantel beflecken, keine chemische Kraft dein Zepter in Eisen verwandeln. Lächelst du dem Hirten zu, wenn er seine Brotrinde verzehrt, so ist er glücklicher als sein Monarch, von dessen Hof du verbannt bist. Barmherziger Himmel!" rief ich, indem ich auf der zweitobersten Stufe niederkniete, „schenke mir nur Gesundheit, du großer Spender dieser Gabe, und gib mir nur diese schöne Göttin zur Gesellschafterin, dann kannst du deine Bischofshüte, wenn es deiner göttlichen Vorsehung so gefällt, auf jene Köpfe niederregnen lassen, die danach schmachten."

DER GEFANGENE

Paris

Der Vogel in seinem Käfig verfolgte mich bis in mein Zimmer; ich setzte mich an meinen Tisch, stützte meinen Kopf in die Hand und begann mir das Elend der Gefangenschaft vorzustellen. Ich war eben recht dazu aufgelegt, und also öffnete ich meiner Phantasie Tür und Tor.

Ich wollte bei den Millionen meiner Mitgeschöpfe anfangen, die zu keinem anderen Erbe geboren werden als zur Sklaverei; da ich aber fand, daß, so rührend sonst das

Bild war, ich es mir doch nicht nahe genug bringen konnte und daß die Mannigfaltigkeit der traurigen Gruppen mich nur verwirrte –

So nahm ich einen einzigen Gefangenen, und nachdem ich ihn in seinen Kerker eingeschlossen hatte, blickte ich durch das Halbdunkel seiner vergitterten Tür, um sein Bild in mich aufzunehmen.

Ich sah seinen Körper halb abgezehrt durch das lange Harren und Eingesperrtsein und fühlte, welche Leiden immer wieder getäuschte Hoffnungen dem Herzen zufügen. Bei näherer Betrachtung fand ich ihn blaß und fiebrig: In dreißig Jahren hatte kein kühler Westwind sein Blut erfrischt; in dieser langen Zeit hatte er keine Sonne gesehen und keinen Mond, noch hatten seine Ohren durch das Gitter die Stimme eines Freundes oder Verwandten vernommen. Seine Kinder ...

Aber hier fing mein Herz an zu bluten, und ich war gezwungen, zu einem anderen Teil des Porträts überzugehen.

Er saß im hintersten Winkel seines Kerkers auf dem Boden, auf ein wenig Stroh, das ihm abwechselnd als Stuhl und als Bett diente. Zu seinen Häupten lag ein kleiner Kalender aus dünnen Kerbhölzern, auf denen die Zahl der jammervollen Tage und Nächte, die er dort zugebracht hatte, eingeschnitten war. Er hielt eins von diesen Hölzern in der Hand, und mit einem verrosteten Nagel ritzte er einen neuen Tag des Elends ein und fügte ihn zu der großen Zahl der übrigen. Da ich das wenige Licht, das er hatte, verdunkelte, richtete er einen hoffnungslosen Blick auf die Tür, senkte ihn wieder, schüttelte den Kopf und fuhr in seiner leidvollen Beschäftigung fort. Ich hörte seine Ketten gegen seine Beine klirren, als er sich umdrehte, um das kleine Kerbholz zu dem Bündel zu legen. Er stieß einen tiefen Seufzer aus. Ich sah das Eisen in seine Seele dringen. Die Tränen stürzten mir aus den Augen. Ich konnte das Bild nicht ertragen, das meine Phantasie von der Gefangenschaft entworfen hatte. Ich sprang vom Stuhl auf, rief La Fleur und befahl ihm, mir eine *remise* zu bestellen, die am nächsten Morgen um neun Uhr vor der Tür des Hotels bereitstehen solle.

„Ich will doch selbst", sagte ich, „geradenwegs zu Monsieur le Duc de Choiseul fahren."

La Fleur wollte mich zu Bett bringen; da ich aber nicht wollte, daß er etwas auf meinen Wangen sähe, was dem armen Menschen ein Herzweh verursachen könnte, sagte ich ihm, ich wolle allein zu Bett gehen und er solle nur auch bald schlafen gehen.

Der Star

Die Straße nach Versailles

Zur festgesetzten Zeit stieg ich in die *remise*; La Fleur stieg hinten auf, und ich befahl dem Kutscher, auf dem schnellsten Wege nach Versailles zu fahren.

Da ich auf diesem Wege nichts fand, oder vielmehr nichts von dem, wonach ich auf Reisen Ausschau halte, so kann ich das leere Blatt nicht besser anfüllen als mit einer kurzen Geschichte des nämlichen Vogels, der das Thema des letzten Kapitels war.

Als der hochwohlgeborene Herr *** in Dover auf guten Wind wartete, hatte ein englischer Bursche, der ihn als Reitknecht begleitete, den Vogel, noch ehe dieser richtig fliegen konnte, auf den Klippen gefangen; da er ihn nicht gern umkommen lassen wollte, nahm er ihn an seinem Busen mit auf das Paketboot, und dadurch, daß er ihn fütterte und ihn nun einmal in seinen Schutz genommen hatte, gewann er ihn in einigen Tagen lieb und brachte ihn wohlbehalten mit sich nach Paris.

In Paris hatte der Bursche für ein Livre einen kleinen Käfig für seinen Star erstanden, und weil er in den fünf Monaten, die sich sein Herr dort aufhielt, nichts Besseres zu tun hatte, lehrte er den Vogel in seiner Muttersprache die vier einfachen Wörter (und nicht mehr), die mich so sehr zu seinem Schuldner gemacht haben.

Als sein Herr weiter nach Italien reiste, hatte der Bursche seinen Vogel dem Besitzer des Hotels überlassen. Aber da das kleine Freiheitslied des Vogels in Paris in einer *unbekannten* Sprache erklang, maß man ihm wenig oder gar keinen Wert bei, und La Fleur kaufte ihn mir mitsamt dem Käfig für eine Flasche Burgunder.

Bei meiner Heimkehr aus Italien nahm ich ihn mit mir in das Land, in dessen Sprache er die Laute gelernt hatte, und als ich Lord A. seine Geschichte erzählte, bat mich Lord A. um den Vogel. Eine Woche darauf gab ihn Lord A. dem Lord B.; Lord B. machte ihn dem Lord C. zum Geschenk, und Lord C.'s Kammerdiener verkaufte ihn für einen Schilling dem Kammerdiener des Lords D. Lord D. gab ihn dem Lord E., und so weiter durch das halbe Alphabet. Aus diesen Kreisen gelangte er ins Unterhaus und ging durch die Hände ebenso vieler Abgeordneter. Da alle diese Herren gern *hinein*, mein Vogel aber gern *heraus* wollte, legte man in London fast ebensowenig Wert auf ihn wie in Paris.

Es ist unmöglich, daß viele meiner Leser nichts von ihm gehört haben; und wenn ihn jemand durch einen bloßen Zufall gesehen haben sollte, so bitte ich um die Erlaubnis, ihm zu sagen, daß der Vogel mein Vogel war oder irgendeine elende Nachahmung, die ihn vorstellen sollte.

Ich habe nichts weiter über ihn hinzuzufügen, als daß ich von dieser Zeit an bis heute den armen Star als Helmzier in meinem Wappen führe. – Wie hier:

Und nun mögen ihm die Heraldiker den Hals umdrehen, wenn sie es wagen.

DIE ANREDE

Versailles

Ich möchte nicht gern, daß ein Feind mir in die Seele blickt, wenn ich im Begriff stehe, jemanden um seinen Schutz zu bitten; deswegen bemühe ich mich im allgemeinen, mich selbst zu beschützen. Aber dieser Gang zu Monsieur le Duc de C. war eine von der Not diktierte Handlung. Wäre es eine Handlung aus freier Wahl gewesen, so hätte ich sie wohl wie andere Leute hinter mich gebracht.

Wie viele schimpfliche Pläne für eine kriecherische Anrede machte nicht mein Sklavenherz auf diesem Weg! Für einen jeden hätte ich die Bastille verdient.

Als Versailles in Sicht kam, blieb mir nichts anderes übrig, als Worte und Sätze zusammenzusetzen und Körperhaltungen und Tonlagen zu ersinnen, um mich in die Gunst von Monsieur le Duc de C. hineinzuwinden. Das paßt am besten, sagte ich. Ebenso gut, warf ich dann ein, wie ein Rock, den ihm ein waghalsiger Schneider bringt, der vorher kein Maß genommen hat. Narr! fuhr ich fort, sieh dir erst das Gesicht von Monsieur le Duc an. Gib acht, was für ein Charakter darin geschrieben steht; beachte, in welcher Positur er steht, wenn er dich anhört; beobachte die Bewegungen und den Ausdruck seiner Glieder; und was den Ton anbetrifft, so wird ihn dir der erste Laut angeben, der von seinen Lippen kommt; aus dem wirst du auf der Stelle eine Anrede komponieren, die dem Herzog nicht mißfallen kann. Die Ingredienzen stammen von ihm selbst und werden sehr wahrscheinlich glatt hinuntergehen.

Gut, sagte ich, ich wünschte nur, es wäre schon glücklich überstanden! Schon wieder so feige? Als ob nicht auf dem ganzen Erdboden ein Mann wie der andere wäre; und wenn man sich im Felde von Angesicht zu Angesicht gegenübersteht, warum dann nicht auch im Kabinett? Und glaube mir, Yorick, wo es nicht so ist, da ist der Mensch sich selbst ungetreu und verrät seine eigenen Hilfstruppen zehnmal, ehe die Natur es einmal tut. Geh nur zum Duc de C. mit der Bastille in deinen Mienen – ich wette mein Leben, man schickt dich in einer halben Stunde mit einer Eskorte nach Paris zurück!

Das glaube ich, sagte ich. Also werde ich, beim Himmel, mit der größten Fröhlichkeit und Sorglosigkeit von der Welt zum Herzog gehen.

Da hast du nun schon wieder unrecht, versetzte ich. Ein völlig ausgeglichenes Herz, Yorick, kennt keine Extreme – es bleibt immer in seiner Mitte. Gut, gut! rief ich, als der

Kutscher ins Tor einfuhr, ich glaube, ich werde schon durchkommen; und als er um den Hof herumgefahren war und mich an die Tür gebracht hatte, war ich dank meiner eigenen Vorlesung so viel klüger, daß ich die Stufen weder hinaufstieg wie ein Opfer der Gerechtigkeit, das auf der obersten das Leben verlieren soll, noch mit einem großen Satz und ein paar Schritten, wie ich es tue, wenn ich zu dir, Eliza, hinauffliege, um es zu finden.

Als ich in die Tür des Salons trat, kam mir ein Mann entgegen, der vermutlich der *maître d'hôtel* war, aber eher so aussah wie einer von den Untersekretären, und sagte mir, der Duc de C. sei beschäftigt. „Ich habe nicht die geringste Ahnung", sagte ich, „von den Formalitäten, die zur Erlangung einer Audienz erforderlich sind, denn ich bin hier völlig fremd und, was bei der gegenwärtigen Situation vielleicht noch schlimmer ist, ich bin ein Engländer." Er versetzte, das vergrößere die Schwierigkeiten nicht. Ich machte ihm eine leichte Verbeugung und sagte ihm, daß ich Monsieur le Duc etwas Wichtiges vorzutragen hätte. Der Sekretär blickte zur Treppe, als ob er mich verlassen wollte, um diese Nachricht jemandem zu überbringen. „Aber ich darf Sie nicht irreführen", sagte ich, „denn was ich vorzubringen habe, ist für Monsieur le Duc de C. überhaupt nicht wichtig, aber sehr wichtig für mich selbst." – „*C'est une autre affaire*", versetzte er. „Durchaus nicht", sagte ich, „für einen Mann von edler Gesinnung. Aber bitte, mein lieber Herr", fuhr ich fort, „wann kann ein Fremder auf *accès* hoffen?" – „Frühestens in zwei Stunden", sagte er und sah dabei auf seine Uhr. Die Zahl der Equipagen, die im Hofplatz standen, schien die Berechnung zu rechtfertigen, daß ich mir früher keine Hoffnung machen könnte, und da das Aufundabgehen in dem Salon, ohne mit einer Menschenseele sprechen zu können, die ganze Zeit über ebenso schlimm war, wie in der Bastille zu sitzen, begab ich mich unverzüglich wieder zu meiner *remise* und befahl dem

Kutscher, zum Cordon bleu zu fahren, welches das nächste Hotel war.

Ich glaube, es waltet ein Verhängnis darüber: ich komme selten an den Ort, zu dem ich will.

Le Pâtissier

Versailles

Ehe ich noch halb die Straße hinunter war, änderte ich meinen Vorsatz: Da ich nun einmal in Versailles bin, dachte ich, könnte ich mir auch die Stadt ansehen; ich zog also die Schnur und befahl dem Kutscher, durch einige der Hauptstraßen zu fahren. „Ich nehme an, die Stadt ist nicht sehr groß." Der Kutscher bat um Verzeihung, daß er mich eines anderen belehren müsse, und sagte mir, sie sei prächtig und viele der vornehmsten Herzöge, Marquis und Grafen hätten hier ihre großen Häuser. Der Graf von B., von dem mir am Abend vorher der Buchhändler am Quai de Conti so viel Schönes berichtet hatte, kam mir sogleich in den Sinn. Und warum, dachte ich, sollte ich nicht zu dem Grafen von B. gehen, der eine so hohe Meinung von englischen Büchern und den Engländern hat, und ihm meine Geschichte erzählen? Damit änderte ich meinen Vorsatz zum zweitenmal. Eigentlich war es zum drittenmal, denn ich hatte mir ursprünglich vorgenommen, an diesem Tag zu Madame de R. in der Rue St. Pierre zu gehen, und hatte ihr durch ihre *fille de chambre* ehrfurchtsvoll melden lassen, daß ich ihr bestimmt meine Aufwartung machen würde. Aber ich wurde beherrscht von den Umständen – sie wollen sich nicht von mir beherrschen lassen: Da ich also auf der andern Straßenseite einen Mann stehen sah, der einen Korb hielt, als ob er etwas zu verkaufen hätte, sagte ich zu La Fleur, er solle zu ihm gehen und sich nach dem Haus des Grafen erkundigen.

La Fleur war ein wenig bleich, als er wiederkam, und sagte mir, es sei ein Chevalier de St. Louis, der *pâtés* verkaufe. „Das ist nicht möglich, La Fleur", sagte ich. La Fleur konnte das Phänomen ebensowenig erklären wie ich, aber er blieb bei seiner Aussage: er habe die in Gold gefaßte *croix*, sagte er, an seinem roten Band im Knopfloch hängen sehen und habe in den Korb geblickt und die *pâtés* gesehen, die der Chevalier verkaufe; also könne er sich nicht getäuscht haben.

Ein solcher Rückschlag im Leben eines Mannes erregt bessere Empfindungen als Neugierde: Ich konnte nicht umhin, ihn einige Zeit aus meiner *remise* zu betrachten. Je länger ich ihn, seine *croix* und seinen Korb ansah, um so mehr prägten sie sich meinem Gehirn ein. Ich stieg aus der *remise* und ging auf ihn zu.

Er hatte eine reine Leinenschürze umgebunden, die ihm bis unter die Knie reichte, mit einer Art Latz, der ihm die Brust zur Hälfte bedeckte; über diesem, ein wenig unter den Saum versteckt, hing seine *croix*. Sein Korb mit den kleinen *pâtés* war mit einer weißen Damastserviette bedeckt; eine andere war über den Boden gebreitet, und alles verriet so viel *propreté* und Reinlichkeit, daß man ihm seine *pâtés* ebensogut aus Appetit wie aus Mitgefühl hätte abkaufen mögen.

Er bot sie aber niemandem an, sondern stand mit ihnen ganz still an der Ecke eines Hotels und verkaufte sie denjenigen, welche sie unaufgefordert verlangten.

Er war ungefähr achtundvierzig Jahre alt und wirkte gesetzt, ja fast ein wenig feierlich. Mich nahm das nicht wunder. Ich ging gleichsam mehr zu dem Korb als zu ihm, und nachdem ich die Serviette in die Höhe gehoben und eins von seinen *pâtés* in die Hand genommen hatte, bat ich ihn, mir doch die Erscheinung zu erklären, die mein Gemüt bewegte.

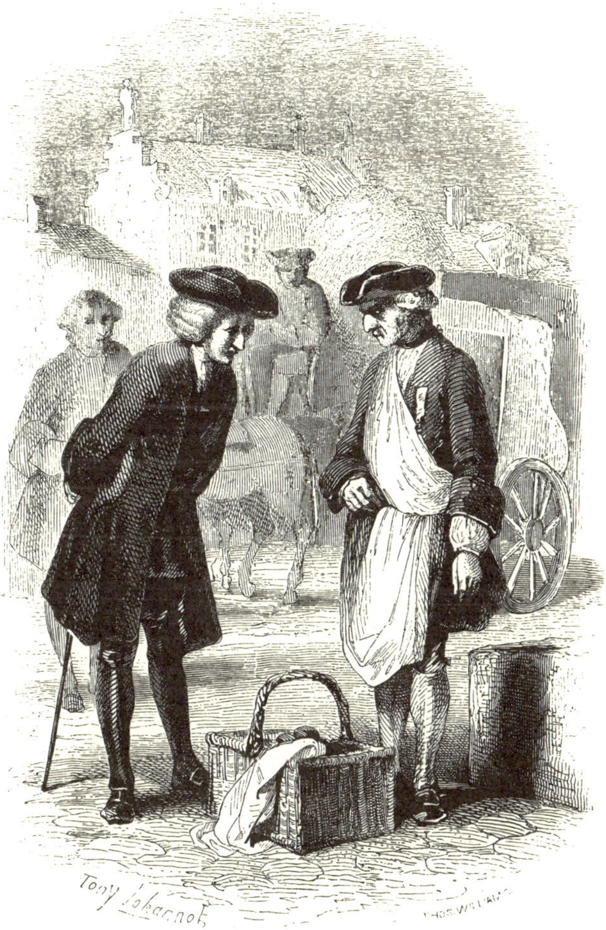
Tony Johannot

Er erzählte mir in wenigen Worten, er habe seine besten Jahre im Kriegsdienst zugebracht, wobei er, nachdem er sein kleines Vermögen zugesetzt habe, eine Kompanie und außerdem die *croix* erhalten habe; da aber beim letzten Friedensschluß sein Regiment aufgelöst worden und das ganze Korps nebst solchen aus einigen anderen Regimentern ohne Versorgung geblieben sei, habe er sich in der weiten Welt ohne Freunde, ohne ein Livre gefunden – „und in der Tat", sagte er, „ohne das geringste bis auf dies" (hier zeigte er auf seine *croix*). Der arme Chevalier gewann mein Mitleid, und er beendete den Auftritt damit, daß er auch meine Hochachtung gewann.

Der König, sagte er, sei der großmütigste Fürst, aber seine Großmut könne weder allen helfen noch alle belohnen, und es sei sein eigenes Unglück, daß er leer ausgehen müsse. Er habe eine kleine Frau, sagte er, die er liebe und welche die *pâtisserie* backe; und er fügte hinzu, er halte es für keine Schande, auf diese Art sie und sich selbst vor der Not zu schützen, solange ihm die Vorsehung keine bessere zeige.

Es wäre gemein, den Guten ein Vergnügen vorzuenthalten und das auszulassen, was dem armen Chevalier de St. Louis ungefähr neun Monate später begegnete.

Es scheint, daß er seinen Standplatz nahe dem eisernen Tor hatte, das zum Palast führt, und da seine *croix* vieler Menschen Augen auf sich zog, hatten viele Menschen dieselben Fragen an ihn gerichtet wie ich. Er hatte ihnen dieselbe Geschichte erzählt, und jedesmal mit so viel Bescheidenheit und Vernunft, daß sie zuletzt dem König zu Ohren gekommen war. Als dieser hörte, daß der Chevalier als ein tapferer Offizier gedient hatte und von dem ganzen Regiment als ein Mann von Ehre und Rechtschaffenheit hochgeschätzt wurde, machte er seinem kleinen Handel durch eine jährliche Pension von fünfzehnhundert Livre ein Ende.

Da ich diese Begebenheit dem Leser zu Gefallen erzählt habe, bitte ich um die Erlaubnis, eine andere außer der

Reihe mir selbst zum Gefallen berichten zu dürfen. Die
beiden Geschichten erhellen sich gegenseitig, und es wäre
schade, wenn sie getrennt würden.

Der Degen

Rennes

Wenn selbst Staaten und Reiche ihre Perioden des Verfalls haben und auf ihre Weise fühlen, was Not und Armut ist, dann will ich nicht bei den Ursachen verweilen, die den Untergang des Hauses d'E. in der Bretagne herbeiführten. Der Marquis d'E. hatte mit großer Standhaftigkeit gegen seine Lage angekämpft, weil er einige kleine Reste von dem, was seine Vorfahren gewesen waren, erhalten und auch der Welt zeigen wollte; doch ihre Unbesonnenheit hatte ihm das unmöglich gemacht. Es war genug übriggeblieben für die kleinen Bedürfnisse eines Lebens im *Dunkel*, aber er hatte zwei Knaben, die von ihm *Licht* ersehnten; er glaubte, sie verdienten es. Er hatte es mit seinem Degen versucht, doch der konnte ihm keinen Weg öffnen; der *Aufstieg* war mit zuviel Kosten verbunden, und durch bloßes Sparen ließ er sich nicht erreichen. Es blieb also kein anderes Mittel übrig als der Handel.

In jeder anderen französischen Provinz außer der Bretagne wären dadurch ein für allemal die Wurzeln des kleinen Baumes verdorrt, den sein Stolz und seine väterliche Liebe wieder aufblühen lassen wollten. Er machte sich aber den Umstand zunutze, daß in der Bretagne dafür vorgesorgt ist; und als die Stände einmal in Rennes versammelt waren, ergriff der Marquis die Gelegenheit und begab sich, begleitet von seinen beiden Söhnen, zum Gerichtshof, und nachdem er sich auf das Recht eines alten Gesetzes des Herzogtums berufen hatte, das, wie er sagte, deswegen nicht weniger gültig war, weil es nur selten in Anspruch genommen wurde, nahm er seinen Degen von der Seite. „Hier", sagte er, „nehmen Sie ihn in getreue Verwahrung, bis bessere Zeiten mich in die Lage versetzen, ihn zurückzufordern."

Der Präsident nahm den Degen des Marquis an; dieser blieb einige Minuten, um zu sehen, wie der Degen im Archiv seiner Familie hinterlegt wurde, und ging weg.

Am folgenden Tag schiffte sich der Marquis mit seiner ganzen Familie nach Martinique ein, und nach ungefähr neunzehn oder zwanzig Jahren einer erfolgreichen Handelstätigkeit und einigen unverhofften Erbschaften von weitläufigen Verwandten kam er zurück, um seinen Adelstitel zurückzufordern und zu behaupten.

Durch einen glücklichen Zufall, der keinem andern als einem empfindsamen Reisenden zu begegnen pflegt, sollte ich zur Zeit dieser feierlichen Requisition eben in Rennes sein. Ich nenne sie feierlich, denn für mich war sie es.

Der Marquis trat mit seiner ganzen Familie in den Audienzsaal. Er führte seine Gemahlin, sein ältester Sohn führte seine Schwester, und der jüngste ging auf der anderen Seite neben seiner Mutter. Er hielt sich zweimal sein Taschentuch vors Gesicht.

Es herrschte Totenstille. Als sich der Marquis dem Tribunal bis auf sechs Schritte genähert hatte, übergab er die Marquise seinem jüngsten Sohn, trat drei Schritte vor seine Familie und forderte seinen Degen zurück. Der Degen wurde ihm gegeben, und sobald er ihn in der Hand hatte, zog er ihn fast ganz aus der Scheide – es war das leuchtende Antlitz eines Freundes, den er einst für verloren gehalten hatte. Er betrachtete ihn aufmerksam vom Heft bis zur Spitze, gleichsam um sich zu vergewissern, ob es auch derselbe sei. Als er einen kleinen Rostflecken entdeckte, der sich nicht weit von der Spitze angesetzt hatte, hielt er ihn näher vor die Augen, und als er sich mit dem Kopf darüberbeugte, glaubte ich eine Träne auf die Stelle fallen zu sehen. Aus dem Folgenden geht hervor, daß ich mich nicht geirrt hatte.

„Ich werde schon", sagte er, „ein *anderes Mittel* finden, ihn zu tilgen."

Als der Marquis dies gesagt hatte, steckte er seinen Degen wieder in die Scheide, verneigte sich vor denjenigen, welche ihn aufbewahrt hatten, und ging mit seiner Gemahlin und Tochter und seinen beiden Söhnen, die ihm folgten, hinaus.

Oh, wie beneidete ich ihn um seine Empfindungen!

Der Pass

Versailles

Ich wurde ohne Schwierigkeiten bei dem Grafen von B. vorgelassen. Shakespeares Werke lagen auf dem Tisch, und er blätterte gerade darin herum. Ich näherte mich dem Tisch, und nachdem ich ihn durch einen Blick auf die Bücher zu verstehen gegeben hatte, daß ich sie kannte, sagte ich zu ihm, ich käme, ohne jemanden zu haben, der mich einführte, weil ich wisse, in seinem Zimmer einen Freund anzutreffen, der mir sicherlich diesen Dienst leisten werde. „Es ist mein Landsmann, der große Shakespeare", sagte ich und zeigte auf seine Werke. „*Et ayez la bonté, mon cher ami*", fügte ich hinzu, mich an Shakespeares Geist wendend, „*de me faire cet honneur-là.*"

Der Graf lächelte über diese sonderbare Einführung, und da er bemerkte, daß ich ein wenig blaß und kränklich aussah, bestand er darauf, daß ich einen Lehnstuhl nehmen solle; also setzte ich mich, und um ihm das Kopfzerbrechen über einen so ungewöhnlichen Besuch zu ersparen, erzählte ich ihm ohne Umschweife den Vorfall im Buchladen, und wie mich das bewogen habe, mich mit der Geschichte der kleinen Verlegenheit, in der ich sei, lieber an ihn als an sonst jemanden in Frankreich zu wenden. „Und worin besteht Ihre Verlegenheit? Lassen Sie sie mich hören", sagte der Graf. Damit erzählte ich ihm die Geschichte genau so, wie ich sie dem Leser erzählt habe.

„Und der Besitzer meines Hotels", sagte ich zum Schluß, „will mit aller Gewalt, Monsieur le Comte, daß ich in die Bastille soll. Aber ich fürchte mich nicht", fuhr ich fort, „denn da ich in die Hände des kultiviertesten Volkes der Welt gefallen und überzeugt bin, ein ehrlicher Mann zu sein, der nicht gekommen ist, die Blößen des Landes auszuspähen, kann ich mir kaum vorstellen, daß ich von ihnen etwas zu befürchten habe. Es verträgt sich nicht mit der französischen Tapferkeit, Monsieur le Comte", sagte ich, „sie an Invaliden zu beweisen."

Eine lebhafte Röte stieg in die Wangen des Grafen von B., als ich dies sagte. „*Ne craignez rien* – fürchten Sie nichts", sprach er. „Das tu ich auch nicht", versetzte ich abermals. „Außerdem", fuhr ich in einem etwas scherzhaften Ton fort, „habe ich auf dem ganzen Weg von London bis Paris gelacht, und ich glaube nicht, daß Monsieur le Duc de Choiseul ein solcher Feind der Freude ist, daß er mich zum Lohn dafür weinend zurückschickt.

Ich wende mich an Sie, Monsieur le Comte de B." – dabei verbeugte ich mich tief vor ihm –, „damit Sie ihn ersuchen, es nicht zu tun."

Der Graf hörte mich mit großem Wohlwollen an, sonst hätte ich nicht halb soviel gesagt, und ein paarmal wiederholte er: „*C'est bien dit.*" Also ließ ich meine Angelegenheit dabei bewenden und beschloß, nichts mehr davon zu erwähnen.

Der Graf führte das Gespräch: Wir redeten von gleichgültigen Dingen, von Büchern und Politik und Männern und dann von Frauen. „Gott segne sie alle!" sagte ich, nachdem wir viel von ihnen gesprochen hatten. „Kein Mensch auf der Welt liebt sie so sehr wie ich. Nach allen Schwächen, die ich gesehen, und nach allen Satiren auf sie, die ich gelesen habe, liebe ich sie doch noch immer und bin fest überzeugt, daß ein Mann, der nicht eine gewisse Zuneigung zum ganzen schönen Geschlecht hat, unfähig ist, eine einzige so zu lieben, wie es sich gehört."

„*Eh bien! Monsieur l'Anglois*", sagte der Graf lachend, „Sie sind nicht gekommen, die Blößen des Landes auszuspähen – das glaube ich Ihnen –, *ni encore*, darf ich behaupten, diejenigen unserer Frauen. Aber erlauben Sie mir zu vermuten, daß Sie, wenn sie sich Ihnen *par hazard* darböten, diesen Anblick reizend finden würden."

Ich habe etwas in mir, was selbst den Stoß der verstecktesten Zweideutigkeit nicht ertragen kann. Im scherzhaften Geplauder habe ich mich oft bemüht, es zu überwinden, und mit unsäglicher Mühe habe ich vor einem Dutzend Frauen tausend Dinge gewagt, von denen ich nicht das kleinste vor einer einzelnen wagen könnte, wenn ich auch den Himmel damit gewinnen würde.

„Verzeihen Sie, Monsieur le Comte", sagte ich, „was die Blößen Ihres Landes betrifft, so würde ich meine Augen niederschlagen und weinen, wenn ich sie sähe; und was diejenigen Ihrer Frauen betrifft" – ich errötete bei der Vorstellung, die er in mir erregt hatte –, „so bin ich in diesem Punkt so vom Geist des Evangeliums erfüllt und habe ein so großes Mitgefühl mit allem, was schwach an ihnen ist, daß ich sie gerne mit einem Gewand bedecken würde, wenn ich nur wüßte, wie ich es überwerfen sollte. Aber ich möchte gern", fuhr ich fort, „die Blößen ihrer Herzen ausspähen und unter den verschiedenen Hüllen der Bräuche, des Klimas und der Religion herausfinden, was sie Gutes an sich haben, um mein eigenes Herz danach zu bilden – und deswegen bin ich gekommen.

Aus diesem Grund, Monsieur le Comte", fuhr ich fort, „habe ich mir weder das Palais Royal noch den Luxembourg noch die Fassade des Louvre angesehen und habe auch nicht versucht, die Verzeichnisse, die wir von Gemälden, Statuen und Kirchen haben, anschwellen zu lassen. Ich stelle mir jedes schöne Wesen als einen Tempel vor, in den ich lieber gehe und wo ich die darin hängenden Originalzeichnungen und flüchtigen Skizzen lieber betrachte als selbst die Verklärung von Raffael.

Der Durst danach", fuhr ich fort, „ist ebenso unstillbar wie der, welcher die Brust des Kunstkenners erfüllt; er hat mich aus meiner Heimat nach Frankreich geführt und wird mich von Frankreich nach Italien führen. Es ist eine stille Reise des Herzens zur Erforschung der *Natur* und jener Regungen, die aus ihr entspringen und uns antreiben, einander und die ganze Welt mehr zu lieben, als wir es tun."

Der Graf sagte mir dazu allerlei Höflichkeiten und fügte sehr verbindlich hinzu, daß er Shakespeare sehr verpflichtet sei, weil dieser mich mit ihm bekannt gemacht habe. „Aber, *à propos*", sagte er, „Shakespeare ist voll von großen Dingen; er hat nur die winzige Kleinigkeit vergessen, mir Ihren Namen zu nennen. Das versetzt Sie in die Notwendigkeit, es selbst zu tun."

Der Pass

Versailles

Nichts in der Welt ist mir peinlicher, als wenn ich jemandem sagen soll, wer ich bin; denn man wird schwerlich einen Menschen finden, den ich nicht besser beschreiben kann als mich selbst, und ich habe mir oft gewünscht, ich könnte es mit einem Wort tun und hätte es damit hinter mir. Dies war jedoch das einzige Mal und die einzige Gelegenheit in meinem Leben, da es mir einigermaßen gelang; denn da Shakespeare auf dem Tisch lag und ich mich erinnerte, daß ich in seinen Werken vorkam, nahm ich den Hamlet in die Hand, schlug die Totengräberszene im fünften Akt auf und wies mit dem Finger auf *Yorick*, und indem ich dem Grafen das Buch vorhielt und den Finger auf dem Namen liegen ließ, sagte ich: „*Me voici!*"

Ob nun die Idee von des armen Yoricks Schädel durch die Wirklichkeit des meinigen dem Grafen aus dem Sinn gekommen war oder durch welche Magie er einen Zeitraum von sieben- bis achthundert Jahren überspringen konnte, das tut hier nichts zur Sache. Es ist gewiß, daß die Franzosen leichter begreifen als Begriffe miteinander verbinden. Ich wundere mich über nichts in der Welt, am wenigsten hierüber, um so weniger, als einer der ersten Männer unserer Kirche, für dessen Rechtschaffenheit und väterliche Gefühle ich die höchste Ehrfurcht hege, in eben diesem Fall in den gleichen Irrtum verfiel. Er könne es nicht übers Herz bringen, sagte er, die Predigten zu lesen, die der Hofnarr des Königs von Dänemark geschrieben habe. „Verehrter Mylord!" sagte ich, „es gibt aber zwei Yoricks. Der Yorick, an den Eure Lordschaft denkt, ist schon vor achthundert Jahren gestorben und begraben worden; er glänzte an Horwendillus' Hof; der andere Yorick bin ich selbst, Mylord, und hat an keinem Hof geglänzt." Er schüttelte den Kopf. „Gütiger Himmel!" sagte ich, „Sie könnten ebenso leicht Alexander den Großen mit Alexander dem Kupferschmied verwechseln, Mylord!" – Das sei alles einerlei, versetzte er.

„Wenn Alexander, der König von Mazedonien, Eure Lordschaft hätte befördern können", sagte ich, „so bin ich sicher, daß Eure Lordschaft nicht so gesprochen hätte."

Der arme Graf von B. verfiel lediglich in den gleichen Irrtum.

„*Et, Monsieur, est-il Yorick?*" rief der Graf. „*Je le suis*", sagte ich. „*Vous?*" – „*Moi, moi qui ai l'honneur de vous parler, Monsieur le Comte.*" – „*Mon Dieu!*" sagte er und umarmte mich. „*Vous êtes Yorick!*"

Der Graf steckte auf der Stelle den Shakespeare in die Tasche und ließ mich allein in seinem Zimmer zurück.

DER PASS

Versailles

Ich konnte nicht begreifen, warum der Graf von B. so plötzlich aus dem Zimmer gegangen war, ebensowenig wie ich begreifen konnte, warum er den Shakespeare zu sich gesteckt hatte. *Geheimnisse, die sich von selbst aufklären müssen, sind die Zeit nicht wert, die das Grübeln über sie beansprucht.* Es war besser, im Shakespeare zu lesen; damit schlug ich „Viel Lärm um nichts" auf, versetzte mich augenblicklich aus dem Lehnstuhl, in dem ich saß, nach Messina in Sizilien und war bald mit Don Pedro, Benedikt und Beatrix so beschäftigt, daß ich weder an Versailles noch an den Grafen noch an den Paß dachte.

Glückliche Anpassungsfähigkeit des menschlichen Geistes, der sich unvermittelt solchen Täuschungen überlassen kann, welche die Erwartung und den Gram um ihre mühseligen Augenblicke betrügen! Lange, lange schon hättet ihr meine Tage aufgezehrt, wenn ich nicht einen großen Teil davon auf diesem verzauberten Boden dahingewandelt wäre. Wenn mein Weg zu holperig für meine Füße oder zu steil für meine Kräfte ist, schlage ich irgendeinen ebenen, samtweichen Pfad ein, den die Phantasie mit Rosenknospen des Vergnügens bestreut hat; und wenn ich eine Weile darauf gewandelt bin, komme ich gestärkt und erfrischt zurück. Wenn die Widerwärtigkeiten auf mich eindringen und ich keinen Zufluchtsort auf dieser Welt finden kann, wähle ich einen neuen Weg: ich verlasse sie. Und weil ich eine bessere Vorstellung von den elysischen Gefilden als vom Himmel habe, bahne ich mir gleich Äneas einen Weg dorthin. Ich sehe ihn, wie er dem gedankenvollen Schatten seiner verlassenen Dido begegnet und wie er ihn wiederzuerkennen versucht; ich sehe die beleidigte Königin, wie sie den Kopf schüttelt und schweigend den Urheber ihres Jammers und ihrer Schande verläßt. Meine Gefühle gehen in den ihrigen auf und in jenen Empfindungen, die mich schon um sie trauern ließen, als ich noch zur Schule ging.

Fürwahr, dies heißt nicht, in einem eitlen Schatten wandeln, noch beunruhigt sich der Mensch deswegen vergeblich. Das tut er vielmehr, wenn er sich wegen des Ausgangs seines inneren Aufruhrs allein auf die Vernunft verläßt. Ich kann von mir mit Recht behaupten, daß ich nur dann fähig war, eine einzige böse Empfindung in meinem Herzen völlig zu besiegen, wenn ich so schnell wie möglich irgendeine andere freundliche und sanfte Empfindung zu Hilfe rief, um jene auf ihrem eigenen Grund und Boden zu bekämpfen.

Als ich mit dem dritten Akt zu Ende war, trat der Graf von B. mit meinem Paß in der Hand ins Zimmer. „Ich versichere Ihnen, Monsieur le Duc de C.", sagte der Graf, „ist ein ebenso guter Prophet wie Staatsmann. ,*Un homme qui rit*', sagte der Herzog, ,*ne sera jamais dangereux.*' Wäre es für jemanden anders gewesen als für den Hofnarren des Königs", fügte der Graf hinzu, „ich hätte ihn in den zwei Stunden noch nicht erhalten." – „*Pardonnez-moi, Monsieur le Comte*", sagte ich, „ich bin nicht der Hofnarr des Königs." – „Sie sind doch Yorick?" – „Ja." – „*Et vous plaisantez?*" Ich antwortete, daß ich freilich den Narren spielte, aber nicht dafür bezahlt würde; ich täte es gänzlich auf meine Rechnung.

„Wir haben keinen Spaßmacher am Hof, Monsieur le Comte", sagte ich. „Den letzten hatten wir unter der zügellosen Regierung Karls des Zweiten. Seitdem haben sich unsere Sitten nach und nach so verfeinert, daß gegenwärtig unser Hof so voller Patrioten ist, die *nichts* wünschen als die Ehre und den Reichtum ihres Vaterlandes, und unsere Damen sind alle so keusch, so rein, so gut, so fromm, daß nichts da ist, worüber ein Spaßmacher einen Spaß machen könnte."

„*Voilà un persiflage!*" rief der Graf.

DER PASS

Versailles

Der Paß war gerichtet an alle Gouverneurleutnants, Gouverneure, Stadtkommandanten, Armeegeneräle, Richter und Gerichtsbeamte und wies sie an, den Herrn Yorick, den Hofnarren des Königs, mit seinem Gepäck frei und ungehindert reisen zu lassen. Ich gestehe, der Triumph über die Erlangung des Passes war nicht wenig durch die Rolle verdunkelt, die ich darin spielte. Aber in der Welt ist nichts ungemischt; und einige von unseren ernsthaftesten Theologen sind so weit gegangen zu behaupten, daß selbst der Genuß von einem Seufzer begleitet werde und daß der höchste, *den sie kannten, gewöhnlich* nicht viel besser als mit einer Konvulsion endige.

Ich erinnere mich, daß der würdige und gelehrte Bevoriskius in seinem Kommentar über die Geschlechter der Menschen von Adam an mitten in einer Anmerkung aus sehr naheliegenden Gründen abbricht, um der Welt von einem Sperlingspaar auf seiner Fensterbank zu berichten, das ihn ständig beim Schreiben gestört und zuletzt von seiner Genealogie gänzlich abgebracht hatte.

„Es ist sonderbar", schreibt Bevoriskius, „aber die Tatsachen stehen fest, denn ich bin so neugierig gewesen, sie eine nach der anderen mit der Feder aufzuzeichnen: Während der kurzen Zeit, in der ich die andere Hälfte dieser Anmerkung hätte vollenden können, hat mich das Männchen wirklich dreiundzwanzigeinhalbmal durch seine wiederholten Liebkosungen gestört.

Wie gnädig", fügt Bevoriskius hinzu, „ist doch der Himmel zu seinen Geschöpfen!"

Unglücklicher Yorick! daß der ernsthafteste von deinen Amtsbrüdern so etwas für die Welt schreiben kann, was dein Gesicht schon mit Purpurröte überzieht, wenn du es nur in deiner Studierstube abschreibst.

Dies hat aber mit meinen Reisen nichts zu tun. So bitte ich zweimal, zweimal um Vergebung dafür.

CHARAKTER

Versailles

„Und wie gefallen Ihnen die Franzosen?" fragte der Graf von B., nachdem er mir den Paß gegeben hatte.

Der Leser kann sich leicht denken, daß es mir nach einem so verbindlichen Beweis seiner Höflichkeit nicht schwerfallen konnte, etwas Schmeichelhaftes auf seine Frage zu antworten.

„*Mais passe pour cela* – reden Sie offen", sagte er. „Finden Sie in den Franzosen alle die Urbanität, die man uns in der Welt nachrühmt?" Ich hätte, erwiderte ich, nichts gefunden, was das nicht bestätigte. „*Vraiment*", sagte der Graf, „*les François sont polis.*" – „Bis zum Exzeß", sagte ich.

Der Graf griff das Wort „Exzeß" auf und wollte behaupten, ich meinte mehr damit, als ich sagte. Ich verteidigte mich eine Weile, so gut ich konnte, er bestand darauf, daß ich hinter dem Berge hielte und meine Meinung frei heraus sagen sollte.

„Ich glaube, Monsieur le Comte", sagte ich, „daß der Mensch genauso wie ein Musikinstrument einen bestimmten Tonumfang hat und daß gesellschaftliche und andere Verpflichtungen nach und nach alle Tonarten von ihm verlangen, so daß, wenn man einen Ton zu hoch oder zu tief einsetzt, notwendigerweise entweder unten oder oben an der vollkommenen Harmonie etwas fehlen wird." Der Graf von B. verstand nichts von der Musik; er bat mich also, es auf eine andere Art zu erklären. „Eine kultivierte Nation, mein lieber Graf", sagte ich, „verpflichtet einen jeden; und außerdem hat die Urbanität selbst, gleich dem schönen Geschlecht, so viele Reize, daß man es nicht übers Herz bringen kann zu sagen, sie könne Schaden anrichten. Und dennoch, glaube ich, gibt es eine bestimmte Grenze der Vollkommenheit, die der Mensch gemeinhin zu erreichen vermag. Überschreitet er sie, so vertauscht er eher seine Vorzüge, als daß er neue erwirbt. Ich wage nicht zu sagen, inwiefern sich dies in bezug auf den Punkt, von dem wir sprechen, auf die Franzosen anwenden läßt. Sollte es aber jemals den Engländern beschieden sein, daß sie bei fortschreitender Verfeinerung zu derselben eleganten Lebensart gelangten, welche die Franzosen auszeichnet, so würden wir, wenn wir auch nicht die *politesse du cœur* verlören, die den Menschen mehr zu humanen als höflichen Handlungen geneigt macht, doch wenigstens jene eindeutige Eigenart und Originalität des Charakters verlieren, die sie nicht nur voneinander, sondern auch von der ganzen übrigen Welt unterscheidet."

Ich hatte einige Schillinge, die noch aus König Wilhelms Zeiten stammten und so glatt wie Glas waren, in der Tasche; und da ich vorausgesehen hatte, daß sie mir bei der Erklärung meiner Hypothese zustatten kommen würden, hatte ich sie, als ich bis hierher gekommen war, in die Hand genommen.

„Sehen Sie, Monsieur le Comte", sagte ich, indem ich

aufstand und sie vor ihm auf den Tisch legte, „dadurch, daß sie seit siebzig Jahren, da sie aus einer Tasche in die andere gewandert sind, sich aneinander gescheuert und gerieben haben, sind sie einander so ähnlich geworden, daß Sie kaum einen Schilling von dem anderen unterscheiden können.

Die Engländer, gleich den alten Schaumünzen, die man beiseite legt und die nur durch wenige Hände gehen, behalten die ursprüngliche scharfe Prägung, die ihnen die feine Hand der Natur gegeben hat: Sie fühlen sich nicht so sanft an, aber dafür ist das Gepräge so sichtbar, daß man auf den ersten Blick erkennt, wessen Bild und Aufschrift sie tragen. Doch die Franzosen, Monsieur le Comte", fügte ich hinzu (weil ich das, was ich gesagt hatte, zu mildern wünschte), „haben so viele vortreffliche Eigenschaften, daß sie diese eine leichter entbehren können: Sie sind ein so treues, tapferes, großmütiges, geistreiches und gutmütiges Volk, wie nur eines unter dem Himmel zu finden ist. Wenn sie einen Fehler haben, so ist es der, daß sie zu *ernsthaft* sind."

„*Mon Dieu!*" schrie der Graf und sprang vom Stuhl auf.

„*Mais vous plaisantez*", sagte er und milderte damit seinen Ausruf. Ich legte meine Hand auf die Brust und versicherte ihm im vollen Ernst, es sei meine feste Überzeugung.

Der Graf sagte, er sei untröstlich, daß er nicht Zeit habe, meine Gründe zu hören, weil er augenblicklich weggehen müsse, um mit dem Duc de C. zu speisen.

„Wenn es Ihnen aber nicht zu weit ist, nach Versailles zu kommen, um dort Ihre Suppe mit mir zu essen, so bitte ich Sie vor Ihrer Abreise aus Frankreich um das Vergnügen, von Ihnen zu erfahren, wie Sie Ihre Meinung zurücknehmen – oder wie Sie sie aufrechterhalten. Aber wenn Sie sie wirklich aufrechterhalten, *Monsieur l'Anglois*", sagte er, „so müssen Sie es mit allen Ihren Kräften tun, weil Sie die ganze Welt gegen sich haben." Ich versprach dem Grafen, ich würde mir die Ehre geben, mit ihm zu speisen, bevor ich nach Italien weiterreise. Damit nahm ich Abschied.

Die Versuchung

Paris

Als ich vor dem Hotel ausstieg, sagte mir der Portier, daß eben eine junge Frau mit einer Putzschachtel nach mir gefragt habe. „Ich weiß nicht," sagte der Portier, „ob sie schon wieder weg ist oder nicht." Ich ließ mir von ihm den Zimmerschlüssel geben und stieg die Treppen hinauf; und als ich mich bis auf zehn Stufen dem Treppenabsatz vor meinem Zimmer genähert hatte, begegnete ich ihr, als sie gemächlich hinuntergehen wollte.

Es war die hübsche *fille de chambre*, mit der ich den Quai de Conti entlangspaziert war. Madame de R. hatte sie zu einer *marchande de modes* geschickt, die ein paar Schritte vom Hôtel de Modène entfernt wohnte, und da ich sie nicht besucht hatte, hatte sie ihr befohlen, sich zu erkundigen, ob ich Paris schon wieder verlassen und, wenn ja, ob ich nicht einen Brief für sie zurückgelassen hätte.

Da die hübsche *fille de chambre* so nahe bei meiner Tür war, kehrte sie um und kam auf ein paar Augenblicke, indes ich eine Karte schreiben wollte, mit in mein Zimmer.

Es war ein schöner, stiller Abend am Ende des Monats Mai. Die roten Fenstervorhänge (welche die gleiche Farbe wie diejenigen des Bettes hatten) waren zugezogen; die Sonne neigte sich und warf durch die Vorhänge einen so warmen Schimmer auf die Wangen der hübschen *fille de chambre*, daß ich dachte, sie erröte – der Gedanke daran ließ mich selbst erröten. Wir waren ganz allein, und dies trieb mir eine zweite Röte ins Gesicht, ehe noch die erste Zeit gehabt hatte zu verfliegen.

Es gibt eine Art von angenehmem, halb schuldigem Erröten, woran das Blut mehr Anteil hat als der Mensch: Es wird mit Heftigkeit vom Herzen ausgesandt, und die

Tugend fliegt hinterher – nicht, um es zurückzurufen, sondern um die Empfindungen, die es begleiten, den Nerven noch angenehmer zu machen: Sie gesellt sich dazu.

Aber ich will das nicht beschreiben. Ich fühlte anfangs etwas in mir, was mit der Tugendlehre, die ich ihr den Abend zuvor gegeben hatte, nicht völlig in Einklang stand. Ich suchte fünf Minuten nach einer Karte; ich wußte, daß ich keine hatte. Ich ergriff eine Feder, legte sie wieder hin; die Hand zitterte mir. Der Satan war in mich gefahren.

Ich weiß so gut wie jeder andere, daß er ein Widersacher ist, der von uns flieht, wenn wir ihm widerstehen. Aber ich leiste ihm selten den geringsten Widerstand, aus Angst, daß mich der Kampf selbst bei einem Sieg Wunden kosten möchte. Ich gebe also den Triumph zugunsten der Sicherheit auf; und anstatt danach zu trachten, ihn in die Flucht zu schlagen, fliehe ich meistens lieber selbst.

Die hübsche *fille de chambre* trat nahe an das Schreibpult heran, wo ich nach der Karte suchte, nahm zuerst die Feder auf, die ich hingeworfen hatte, und wollte mir dann das Tintenfaß halten: Sie bot sich auf eine so reizende Art an, daß ich es beinahe angenommen hätte – aber ich wagte es nicht. „Mein liebes Kind", sagte ich, „ich habe nichts, worauf ich schreiben könnte." – „Oh", sagte sie einfach, „schreiben Sie, worauf Sie wollen."

Ich wollte eben ausrufen: Dann will ich es, schönes Mädchen, auf deine Lippen schreiben!

Ich bin verloren, wenn ich's tue, sagte ich mir. Ich nahm sie also bei der Hand, führte sie zur Tür und bat, sie möge die Lehre nicht vergessen, die ich ihr gegeben hätte. Sie sagte, das werde sie sicher nicht; und als sie das ziemlich ernst sagte, drehte sie sich um und legte ihre gefalteten Hände in die meinigen. Es war unmöglich, sie in dieser Situation nicht zu drücken. Ich wollte sie loslassen, und die ganze Zeit über, da ich sie hielt, erhob ich innerlich Einwände dagegen – und doch hielt ich sie weiterhin fest. In zwei Mi-

Breviere sc.   Tony Johannot.

nuten fand ich, daß ich den ganzen Kampf von neuem zu kämpfen hatte, und ich spürte, daß meine Beine und alle meine Glieder bei dem Gedanken erbebten.

Das Fußende des Bettes war von der Stelle, wo wir standen, anderthalb Schritte entfernt. Ich hielt noch immer ihre Hände; und wie es zuging, vermag ich nicht zu sagen – aber ich bat sie nicht, zog sie nicht, dachte auch nicht an das Bett, aber auf einmal war es geschehen, und wir saßen beide.

„Ich will Ihnen jetzt den kleinen Beutel zeigen", sagte die hübsche *fille de chambre*, „den ich mir heute für Ihre Krone gemacht habe." Damit griff sie in ihre rechte Tasche, an meiner Seite, und suchte einige Zeit danach, dann in der linken. Sie habe ihn verloren. Ich habe niemals mit mehr Ruhe gewartet. Endlich fand er sich doch in ihrer rechten Tasche; sie zog ihn heraus. Er war aus grünem Taft, mit ein wenig gestepptem weißem Satin gefüttert und eben groß genug für die Krone. Sie gab ihn mir in die Hand; er war hübsch. Ich hielt ihn zehn Minuten, wobei der Rücken meiner Hand auf ihrem Schoß ruhte, und sah bald auf den Beutel, bald daneben.

An den Falten meines Hemdkragens waren ein paar Stiche aufgegangen. Die hübsche *fille de chambre* zog, ohne ein Wort zu sagen, ihr kleines Nähzeug heraus, fädelte eine kleine Nadel ein und nähte sie zu. Ich sah voraus, daß dies den Triumph des Tages aufs Spiel setzen würde; und als sie bei ihrer Arbeit schweigend mit der Hand immer wieder über meinen Nacken fuhr, fühlte ich, daß der Lorbeer, den die Phantasie um meine Schläfe gewunden hatte, abzufallen drohte.

Ihr hatte sich beim Gehen ein Schuhriemen gelöst, und die Schnalle wollte eben herunterfallen. „Schauen Sie!" sagte die *fille de chambre* und hielt den Fuß in die Höhe. Ich konnte bei meiner Seele nichts anderes tun, als ihr aus Dankbarkeit die Schnalle festzumachen und den Riemen durchzuziehen. Und als ich daraufhin den anderen Fuß ebenfalls aufhob, um zu sehen, ob jetzt beide in Ordnung seien, tat ich es zu plötzlich, so daß die schöne *fille de chambre* unweigerlich das Gleichgewicht verlor, und dann ...

Der Sieg

Ja, und dann ... Ihr, deren eiskalte Köpfe und lauwarme Herzen eure Leidenschaften wegdisputieren oder maskieren können, sagt mir, was für ein Verbrechen ist es, daß der Mensch welche hat? oder wofür sonst sein Geist bei dem Vater der Geister verantwortlich ist als für sein Verhalten mit ihnen?

Wenn die Natur ihr Gewebe der Zärtlichkeit so gewoben hat, daß einige Fäden der Liebe und des Verlangens mit durch das Stück laufen, muß dann das ganze Gewebe deswegen zerrissen werden, um sie herauszuziehen? Gib, großer Beherrscher der Natur, solchen Stoikern die Peitsche! sagte ich bei mir selbst. Wohin deine Vorsehung mich stellen mag, um meine Tugend zu prüfen, wie groß meine Gefahren, wie auch immer die Umstände beschaffen sein mögen – laß mich die Regungen empfinden, die daraus entspringen und mir als Mann zukommen; und wenn ich sie als ein guter Mensch beherrsche, dann will ich den Ausgang deiner Gerechtigkeit überlassen, denn du hast uns geschaffen, und nicht wir uns selbst.

Als ich diese Ansprache beendigt hatte, richtete ich die schöne *fille de chambre* mit der Hand auf und führte sie aus dem Zimmer. Sie blieb so lange bei mir stehen, bis ich die Tür verschlossen und den Schlüssel zu mir gesteckt hatte – *und dann*, als der Sieg völlig entschieden war, und nicht früher, drückte ich meine Lippen auf ihre Wange, nahm sie wieder bei der Hand und geleitete sie wohlbehalten zum Hoteleingang.

Das Geheimnis

Paris

Wer das menschliche Herz kennt, wird verstehen, daß es mir unmöglich war, sogleich wieder auf mein Zimmer zu gehen; das hieße nach einem Musikstück, das mein Inneres erregt hatte, eine kalte Tonfolge mit einer Terz in Moll anzuschlagen. Nachdem ich also die Hand der schönen *fille de chambre* losgelassen hatte, blieb ich einige Zeit an der Tür des Hotels stehen, betrachtete die Vorübergehenden und machte mir Gedanken über sie, bis ein einzelnes Objekt meine Aufmerksamkeit auf sich zog, über das ich mir vergebens den Kopf zerbrach.

Es war eine hohe Gestalt mit einer philosophischen, ernsten, finsteren Miene, welche langsam die Straße auf und nieder ging und nach etwa sechzig Schritten an jeder Seite des Hoteleingangs wieder umkehrte. Der Mann war ungefähr zweiundfünfzig Jahre alt, hielt einen kleinen Rohrstock unter dem Arm und trug eine dunkelgraue Jacke, Weste und Hose, die schon einige Jahre gedient zu haben schienen; sie waren noch sauber, und der ganze Mann machte den Eindruck einer sparsamen *propreté*. An der Art, wie er seinen Hut zog, und an der Haltung, mit der er verschiedene Leute auf seinem Weg anredete, erkannte ich, daß er um Almosen bat; ich nahm also ein paar Sous aus der Tasche, die ich ihm geben wollte, wenn er mich anspräche. Er ging an mir vorbei, ohne etwas zu erbitten, aber er war kaum fünf Schritte weiter, als er eine kleine Frau um eine milde Gabe ansprach. Ich hätte ihm sehr wahrscheinlich mehr gegeben als sie. Kaum war er mit dieser Frau fertig, als er vor einer anderen, die desselben Weges kam, den Hut zog. Ein alter Herr kam langsam daher und nach ihm ein junger eleganter. Er ließ sie beide vorübergehen und begehrte nichts. Ich beobachtete ihn eine halbe Stunde lang, in welcher Zeit er ein dutzendmal auf und nieder ging, und ich bemerkte, daß er unablässig denselben Plan verfolgte.

Zwei Dinge kamen mir hierbei so sonderbar vor, daß sie mein Gehirn beschäftigten, wenn auch ganz vergebens. Das erste war, wieso der Mann seine Geschichte *nur* dem schönen Geschlecht erzählte, und zweitens, welche Geschichte es war und was für eine Art Beredsamkeit es sein mochte, welche die Herzen der Frauen erweichte und die, wie er wußte, bei den Männern ihre Wirkung verfehlte.

Zwei andere Umstände machten das Geheimnis noch verwickelter. Der eine war, daß er jeder Frau das, was er ihr zu sagen hatte, ins Ohr flüsterte, und zwar so, daß es mehr nach einem Geheimnis als nach einer Bitte aussah; der andere war, daß er jedesmal Erfolg hatte. Er hielt niemals eine Frau an, ohne daß sie ihren Beutel herausgezogen und ihm sofort etwas gegeben hätte.

Ich konnte keine Theorie aufstellen, aus der ich dieses Phänomen hätte erklären können.

Ich hatte ein Rätsel aufbekommen, mit dem ich mich für den Rest des Abends beschäftigen konnte; ich ging also hinauf in mein Zimmer.

Die Gewissensfrage

Paris

Der Besitzer des Hotels folgte mir auf dem Fuße ins Zimmer und sagte mir, ich müsse mich nach einer anderen Unterkunft umsehen. „Wieso, mein Freund?" sagte ich. Er antwortete, ich hätte mich an diesem Abend mit einer jungen Frau zwei Stunden in meinem Schlafzimmer eingeschlossen und das sei gegen die Regeln seines Hauses.

„Gut, gut", sagte ich, „wir wollen als Freunde auseinandergehen, denn das Mädchen ist um nichts schlimmer, und ich bin um nichts schlimmer, und auch Sie werden genauso bleiben, wie ich Sie gefunden habe." Es genüge, sagte er, den guten Ruf seines Hotels zu ruinieren. „*Voyez-vous, Monsieur*", sagte er und zeigte auf das Fußende des Bettes, wo wir gesessen hatten. Ich gestehe, es hatte eine gewisse Beweiskraft; da ich aber zu stolz war, mich mit ihm in eine Untersuchung der Sache einzulassen, ermahnte ich ihn, seine Seele in Frieden ruhen zu lassen, wie ich es auch mit der meinigen in dieser Nacht zu halten gedächte, und daß ich ihm beim Frühstück bezahlen wolle, was ich ihm schuldig sei.

„Ich hätte nichts dagegen einzuwenden, Monsieur", sagte er, „selbst wenn Sie zwanzig Mädchen gehabt hätten..." – „Das sind zwanzig mehr", unterbrach ich ihn, „als ich jemals erwartet habe." – „Wenn es nur", fügte er hinzu, „am Morgen gewesen wäre." – „Aber bewirkt denn in Paris der Unterschied in den Tageszeiten einen Unterschied in der Sünde?" – „Es würde einen Unterschied", sagte er, „im Ärgernis bewirken." Ich habe für eine saubere Unterscheidung sehr viel übrig, und ich kann nicht sagen, daß ich sehr böse auf den Mann gewesen wäre. „Ich gestehe, es ist notwendig", nahm der Hotelier das Gespräch wieder auf, „daß einem Fremden in Paris Gelegenheit gegeben wird, Spitzen, seidene Strümpfe, Manschetten *et tout cela* zu kaufen, und es ist nichts Böses dabei, wenn eine Frau mit einer Putzschachtel kommt." – „Bei meiner Ehre", sagte ich, „sie hatte eine, aber ich habe nicht hineingeschaut." – „Also", sagte er, „haben Monsieur nichts gekauft?" – „Nicht das geringste", versetzte ich. „Nun", sagte er, „ich könnte Ihnen eine empfehlen, die mit Ihnen *en conscience* handeln würde." – „Ich muß sie aber noch heute abend sehen", erwiderte ich. Er machte mir eine tiefe Verbeugung und ging hinunter.

Nun will ich über diesen *maître d'hôtel* triumphieren, rief ich aus, und was dann? Dann will ich ihn merken lassen, daß ich weiß, was für ein schmutziger Kerl er ist. Und was dann? Was dann? Ich stehe mir selbst zu nahe, um behaupten zu können, es geschehe um anderer willen. Es blieb mir keine gute Antwort übrig. Es war mehr Galle als Prinzip in meinem Plan, und ich war seiner müde vor der Ausführung.

Nach wenigen Minuten kam die Grisette mit ihrem Korb voll Spitzen herein. Ich will doch nichts kaufen, sagte ich bei mir selbst.

Die Grisette wollte mir alles zeigen. Mir wollte nichts gefallen. Sie tat, als ob sie es nicht bemerkte; sie öffnete ihr kleines Magazin und breitete alle ihre Spitzen nebeneinander vor mir aus, wickelte sie ab und wieder auf, ein Stück nach dem anderen, mit der geduldigsten Freundlichkeit. Ich könne kaufen oder nicht – sie werde mir alles zu dem Preis überlassen, den ich böte. Das arme Ding schien gar zu gern etwas verkaufen zu wollen und legte es darauf an, mich zu gewinnen, aber nicht auf eine Art, die berechnend wirkte, sondern auf eine, die ich als unschuldig und liebenswürdig empfand.

Wenn ein Mann nicht eine gewisse Neigung besitzt, sich hereinlegen zu lassen, dann um so schlimmer für ihn: Mein Herz gab nach, und ich ließ meinen zweiten Vorsatz ebenso ruhig fahren wie den ersten. Warum sollte ich jemanden wegen des Vergehens eines anderen bestrafen? Wenn du diesem Tyrannen von Wirt zinsbar bist, dachte ich und sah ihr ins Gesicht, so ist dein Brot nur um so härter.

Hätte ich auch nicht mehr als vier Louisdor im Beutel gehabt, so hätte ich doch nicht eher aufstehen und ihr die Tür weisen können, als bis ich erst drei davon für ein Paar Manschetten ausgegeben hätte.

Der Hotelbesitzer wird den Profit mit ihr teilen. Mag er doch! Dann habe ich nur bezahlt, was mancher arme Tropf vor mir für eine Handlung bezahlt hat, die er weder begehen noch sich ausdenken konnte.

Das Rätsel

Paris

Als La Fleur heraufkam, um mir bei Tisch aufzuwarten, sagte er mir, wie sehr es dem Hotelbesitzer leid tue, daß er mich durch die Aufforderung, die Unterkunft zu wechseln, beleidigt habe.

Jeder, der eine gute Nachtruhe zu schätzen weiß, wird sich mit keiner Feindschaft im Herzen niederlegen, wenn er es ändern kann; also befahl ich La Fleur, dem Hotelbesitzer zu sagen, es tue mir meinerseits leid, daß ich ihm einen Anlaß dazu gegeben hätte. „Und wenn Er will, La Fleur", fügte ich hinzu, „mag Er ihm sagen, daß ich die junge Frau nicht wiedersehen wolle, falls sie wiederkäme."

Dies war ein Opfer, das ich weniger ihm als mir selbst brachte, denn ich war, nachdem ich einmal so mit knapper Not entkommen war, entschlossen, mich nicht weiter in Gefahr zu begeben, sondern nach Möglichkeit Paris mit all der Tugend zu verlassen, mit der ich es betreten hatte.

„*C'est déroger à la noblesse, Monsieur*", sagte La Fleur und verneigte sich dabei bis zur Erde. „*Et encore – Monsieur*", fuhr er fort, „könnten Ihren Sinn ändern, und wenn (*par hazard*) Sie sich amüsieren möchten..." – „Ich finde aber kein Amüsement dabei", sagte ich, ohne ihn ausreden zu lassen.

„*Mon Dieu!*" sagte La Fleur und räumte den Tisch ab.

Eine Stunde später kam er, um mich zu Bett zu bringen, und war ungewöhnlich dienstfertig. Irgend etwas lag ihm auf der Zunge, was er mir sagen oder mich fragen wollte, was aber nicht heraus wollte. Ich konnte nicht erraten, was es sein möchte, und gab mir auch nicht viel Mühe, es ausfindig zu machen, weil ich ein anderes und viel interessanteres Rätsel im Kopf hatte, nämlich das des Mannes, der vor der Tür des Hotels um Almosen gebettelt hatte. Ich hätte, ich weiß nicht was, darum gegeben, wenn ich der Sache auf den Grund hätte kommen können, und zwar nicht aus Neugierde – sie ist im allgemeinen eine so niedrige Grundlage des Forschens, daß ich kein Zweisoustück dafür ausgeben möchte, sie zu befriedigen. Ein Geheimnis aber, dachte ich, das so schnell und so gewiß das Herz einer Frau, der man sich nähert, milde stimmt, ist ein Geheimnis, das wenigstens ebenso groß ist wie der Stein der Weisen. Hätte ich beide Indien besessen, ich hätte eines davon hingegeben, um es zu erfahren.

Ich drehte und wendete es fast die ganze Nacht hindurch in meinem Gehirn herum, ohne daß ich im geringsten weitergekommen wäre; und als ich am Morgen aufwachte, war mein Geist ebenso beunruhigt durch meine Träume, wie es nur je der König von Babylon durch die seinigen gewesen sein mag, und ich stehe nicht an zu behaupten, daß es den Weisen von Paris ebenso schwer geworden wäre, sie zu deuten, wie den Chaldäern.

Le Dimanche

Paris

Es war Sonntag; und als La Fleur am Morgen mit meinem Kaffee, den Brötchen und der Butter eintrat, hatte er sich so stattlich herausgeputzt, daß ich ihn kaum wiedererkannte.

Ich hatte ihm in Montreuil versprochen, ihm einen neuen Hut mit einem silbernen Knopf und einer silbernen Schnur sowie vier Louisdor zu geben *pour s'adoniser*, wenn wir nach Paris kämen; und der arme Kerl – um ihm Gerechtigkeit widerfahren zu lassen – hatte Wunder damit getan.

Er hatte sich einen glänzenden, sauberen, guten scharlachroten Rock und eine Hose aus dem gleichen Stoff gekauft. Sie seien, sagte er, noch für keine Krone abgetragen. Für diese Bemerkung hätte ich ihn am liebsten hängen lassen, denn die Sachen sahen so neu aus, daß ich, obgleich ich wußte, daß das unmöglich war, lieber meiner Phantasie etwas vorgemacht und gedacht haben würde, ich hätte sie dem Burschen neu gekauft, als daß sie aus der Rue de la Friperie* gekommen seien.

Dies ist aber eine Spitzfindigkeit, die einem in Paris das Herz nicht beschwert.

Er hatte dazu eine hübsche blaue Satinweste erstanden, die ziemlich phantastisch bestickt war. Sie hatte freilich ein wenig im Dienst gelitten, war aber ordentlich gesäubert worden; das Gold wurde aufgefrischt, und im ganzen wirkte sie recht prunkvoll, und da das Blau nicht besonders kräftig war, paßte sie sehr gut zu dem Rock und der Hose. Er hatte ferner aus dem Geld einen neuen Haarbeutel und eine *solitaire* herausgepreßt, und dem *fripier* hatte er außerdem ein Paar goldener Strumpfbänder zu seiner Hose abgerungen. Für vier Livre aus seiner eigenen Tasche hatte er Musselinmanschetten, *bien brodées*, und für fünf weitere ein Paar weißseidene Strümpfe gekauft, und obendrein hatte ihm die Natur eine hübsche Figur gegeben, die ihn keinen Sou gekostet hatte.

Dergestalt ausstaffiert, das Haar frisiert nach der neuesten Mode und ein schönes *bouquet* an der Brust, kam er ins Zimmer. Mit einem Wort, alles an ihm sah so festlich aus, daß mir gleich der Sonntag einfiel; und als ich beides miteinander verglich, kam mir sofort der Gedanke, daß die Vergünstigung, um die er am Abend zuvor bitten wollte, darin

* „Trödelstraße" (Anmerkung des Übersetzers).

bestand, den Tag so zu verbringen, wie ihn jedermann in Paris verbringt. Mir war kaum diese Vermutung gekommen, als La Fleur mit unendlicher Ergebenheit, doch mit zuversichtlichem Blick, als ob ich es ihm nicht abschlagen würde, mich bat, ich möge ihm den Tag Urlaub geben, *pour faire le galant vis-à-vis de sa maîtresse.*

Nun war es gerade das, was ich *vis-à-vis* de Madame de R. zu tun gedachte. Ich hatte deswegen die *remise* behalten, und es hätte meiner Eitelkeit gar nicht weh getan, einen so gutgekleideten Diener wie La Fleur hinten auf dem Wagen mitzunehmen: Ich hätte ihn niemals schlechter entbehren können.

Aber in solchen Verlegenheiten muß man nicht auf seinem Recht bestehen, sondern *fühlen*. Die Söhne und Töchter der Dienstbarkeit entsagen in ihren Verträgen der Freiheit, aber nicht der Natur. Sie bestehen aus Fleisch und Blut und haben mitten im Haus der Knechtschaft ihre kleinen Eitelkeiten und Wünsche, genauso wie ihre Herrschaften. Freilich verlangen sie einen Preis für ihre Selbstverleugnung, und ihre Erwartungen sind so unverschämt, daß ich sie oft enttäuschen möchte, wenn mir ihr Stand nicht zu leicht die Macht dazu gäbe.

Siehe, siehe, ich bin dein Knecht – dieses Wort raubt mir auf einmal die Gewalt eines Herrn.

„Er kann gehen, La Fleur", sagte ich.

„Und was für eine Mätresse, La Fleur, hat Er denn schon in der kurzen Zeit in Paris gefunden?" La Fleur legte die Hand auf die Brust und sagte, es sei eine *petite demoiselle* aus dem Haus des Grafen von B. La Fleur hatte ein Herz, das für die Geselligkeit geschaffen war, und um die Wahrheit über ihn zu sagen, er ließ sich ebensowenig eine Gelegenheit entwischen wie sein Herr, so daß er auf die eine oder andere Art – der Himmel weiß, auf welche – in der Zeit, da ich mich um meinen Paß kümmern mußte, auf dem Treppenabsatz die Bekanntschaft der *demoiselle* gemacht hatte; und wie mir die Zeit gereicht hatte, den Grafen für mich zu gewinnen, so hatte sie La Fleur genügt, das Mädchen für sich zu gewinnen. Die Familie sollte offenbar an diesem Tag nach Paris kommen, und er hatte mit dem Mädchen und zwei oder drei anderen Bedienten des Grafen ein geselliges Beisammensein auf den Boulevards verabredet.

Glückliches Volk, das wenigstens einen Tag in der Woche die Gewißheit hat, alle seine Sorgen von sich werfen zu können, und tanzt und singt und die Last der Trübsal hinwegscherzt, die den Geist anderer Nationen zur Erde beugt.

DAS FRAGMENT

Paris

La Fleur hatte mir etwas hinterlassen, womit ich mich den Tag über mehr unterhalten konnte, als ich vorausgeahnt hatte oder als mir oder ihm hätte in den Sinn kommen können.

Er hatte mir das geformte Butterstückchen auf einem Johannisbeerblatt gebracht, und da der Morgen warm war, hatte er sich einen Bogen Makulatur ausgebeten, um es zwischen seine Hand und das Johannisbeerblatt zu legen. Da dies Teller genug war, hieß ich ihn, es so, wie es war, auf den Tisch zu legen, und weil ich den ganzen Tag nicht ausgehen wollte, befahl ich ihm, den *traiteur* aufzusuchen, um mein Mittagessen zu bestellen, und mich beim Frühstück allein zu lassen.

Als ich die Butter verzehrt hatte, warf ich das Johannisbeerblatt aus dem Fenster und wollte es mit dem Makulaturblatt ebenso machen; als ich aber innehielt, um vorher noch eine Zeile zu lesen, und mich das zu der zweiten und dritten hinriß, dachte ich, daß es zu etwas Besserem tauge. Ich machte also das Fenster zu, zog einen Stuhl heran und setzte mich hin, um es zu lesen.

Es war in dem alten Französisch aus der Zeit des Rabelais, und soviel ich davon verstehe, konnte es von ihm selbst geschrieben sein; es war zudem in gotischen Lettern gedruckt, die durch Schimmel und die Länge der Zeit so verblaßt und verwischt waren, daß es mich unendliche Mühe kostete, etwas herauszubringen. Ich warf es hin und schrieb einen Brief an Eugenius. Dann nahm ich es mir wieder vor und spannte meine Geduld von neuem auf die Folter – und um mich davon zu erholen, schrieb ich darauf einen Brief an Eliza. Doch es wollte mir nicht aus dem Kopf gehen, und die Schwierigkeit, es zu verstehen, vergrößerte nur noch meine Begierde.

Ich aß zu Mittag; und nachdem ich meinen Geist mit einer Flasche Burgunder erleuchtet hatte, machte ich mich wieder darüber her, und als ich zwei oder drei Stunden fast ebenso angestrengt daran herumgerätselt hatte, wie nur jemals Gruter oder Jacob Spon eine sinnlose Inschrift untersucht haben mögen, glaubte ich, hinter den Sinn gekommen zu sein. Der beste Weg, mich davon zu überzeugen, dachte ich, bestehe darin, daß ich es ins Englische übertrüge und sähe, wie es sich dann ausnähme. Ich machte mich also gemächlich an die Arbeit wie jemand, der sich die Zeit vertreiben will, schrieb ab und zu einen Satz, ging dann ein paarmal im Zimmer auf und ab, sah zwischendurch aus dem Fenster auf das Treiben der Welt, so daß es neun Uhr abends war, als ich fertig war. Darauf fing ich an zu lesen, wie folgt:

Das Fragment

Paris

„Als die Frau des Notars den Punkt mit dem Notar allzu hitzig erörterte, sagte der Notar (und warf das Pergament hin): ‚Ich wollte, daß ein anderer Notar hier wäre, nur um all dies zu protokollieren und zu beglaubigen.'

‚Und was würden Sie dann tun, Monsieur?' sagte sie und sprang plötzlich auf. Die Frau des Notars war ein kleines Pulverfaß von einem Weib, und der Notar hielt es für ratsam, durch eine milde Antwort einen Sturm abzuwenden. ‚Ich würde', antwortete er, ‚zu Bett gehen.' – ‚Sie können zum Teufel gehen', versetzte die Frau des Notars.

Nun traf es sich, daß in dem Haus nur ein Bett vorhanden war, weil die beiden anderen Zimmer unmöbliert waren, wie es in Paris üblich ist; und da der Notar sich nicht gern in dasselbe Bett mit einer Frau legen wollte, die ihn gerade noch glattweg zum Teufel geschickt hatte, nahm er seinen Hut und Stock und kurzen Mantel, denn die Nacht war sehr windig, und wanderte in übler Laune dem Pont-Neuf zu.

Von allen Brücken, die jemals gebaut worden sind, ist der Pont-Neuf, wie jeder, der einmal darüber gegangen ist, einräumen muß, die prächtigste, die zierlichste, die großartigste, die leichteste, die längste, die breiteste, die jemals auf der Oberfläche dieses Erdwasserballs Land mit Land verbunden hat."

Hieraus scheint hervorzugehen, daß der Verfasser des Fragments kein Franzose gewesen ist.

„Der größte Einwand, den die Theologen und die Doktoren der Sorbonne dagegen erheben können, ist dieser: Es braucht nur eine Mütze voll Wind in oder um Paris zu geben, dann wird hier gotteslästerlicher darüber *gesacredieut* als auf irgendeinem anderen offenen Platz der ganzen Stadt, und zwar aus guten und triftigen Gründen, Messieurs; denn er kommt auf einen zu, ohne *garde d'eau* zu rufen, und mit solchen unberechenbaren Stößen, daß von den wenigen, die mit dem Hut auf dem Kopf darüber gehen, nicht einer unter fünfzig ist, der nicht zweieinhalb Livre, die den vollen Wert des Hutes darstellen, aufs Spiel setzte.

Als der arme Notar gerade an der Schildwache vorbeiging, hielt er instinktiv seinen Stock an die Seite des seinigen; doch wie er ihn hob, geriet er mit der Spitze desselben in die Hutschnur der Schildwache und warf ihr dadurch den Hut über die Stäbe des Geländers gerade in die Seine.

‚*Das wäre ein böser Wind*‘, sagte ein Bootsmann, der ihn auffing, ‚*der niemandem etwas Gutes zuwehte.*‘

Da der Wachtposten ein Gascogner war, zwirbelte er sich sofort den Schnurrbart hoch und legte seine Muskete an.

In jenen Tagen feuerte man die Musketen mit Lunten ab, doch eine alte Frau, der am Ende der Brücke ihre Papierlaterne ausgeblasen worden war, hatte sich von dem Wachtposten die Lunte geborgt, um sie wieder anzuzünden. Dadurch hatte der Gascogner einen Augenblick Zeit, sein Blut abkühlen zu lassen und einen Vorteil aus dem Vorfall zu ziehen. ‚*Das wäre ein böser Wind*‘, sagte er, indem er dem Notar den Kastorhut wegnahm und den Raub durch das Sprichwort des Bootsmannes rechtfertigte.

Der arme Notar überquerte die Brücke, und während er auf der Rue de Dauphine zum Faubourg von St. Germain ging, beklagte er sich unterwegs auf folgende Weise:

‚Was für ein unglücklicher Mann bin ich doch‘, sagte der Notar, ‚daß ich alle Tage meines Lebens ein Spielball der Unwetter sein muß; daß ich geboren bin, um überall, wo ich gehe und stehe, den Sturm der üblen Nachrede auf mich und meinen Beruf gerichtet zu sehen; daß ich durch den Donner der Kirche zur Ehe mit einem Gewitter von Weib gezwungen worden bin; daß mich ein häuslicher Wind aus meinem Hause treiben und ein pontifikalischer Wind meines

Kastorhuts berauben muß; daß ich hier an einem windigen Abend barhäuptig, der Ebbe und Flut des Zufalls ausgesetzt, umherwandern muß. Wo soll ich mein Haupt hinlegen? Bejammernswerter Mann! welcher Wind von allen zweiunddreißig Strichen des Kompasses kann dir was Gutes zuwehen, wie er es doch allen deinen Mitgeschöpfen tut!'

Als der Notar unter solchen Klagen an einem dunklen Gang vorbeikam, rief eine Stimme einem Mädchen etwas zu und befahl ihm, zum nächsten Notar zu laufen. Da nun unser Notar der nächste war, machte er sich diesen Umstand zunutze und schritt durch den Gang zu der Tür; und nachdem er durch eine Art von altem Salon gekommen war, wurde er in ein großes Zimmer geführt, das von allem Hausrat entblößt war, abgesehen von einer langen Pike, einem Brustschild, einem alten verrosteten Degen und einem Bandelier, die in gleicher Entfernung voneinander an vier Stellen der Wand hingen.

Ein Greis, der ehedem ein Edelmann gewesen und der noch immer, falls nicht der Verlust des Vermögens auch das Blut entehrt, ein Edelmann war, lag, den Kopf in die Hand gestützt, in seinem Bett; ein kleiner Tisch mit einer brennenden Lampe war dicht herangerückt, und an dem Tisch stand ein Stuhl. Der Notar setzte sich darauf, zog sein Tintenfaß und einige Bogen Papier, die er in der Tasche hatte, hervor, legte sie vor sich hin, tauchte seine Feder in die Tinte, lehnte sich mit der Brust über den Tisch und hielt alles bereit, um den Letzten Willen und das Testament des Edelmannes niederzuschreiben.

,Ach, *Monsieur le Notaire*', sagte der Edelmann und richtete sich dabei ein wenig auf, ,ich habe nichts zu vermachen, was die Vermächtniskosten decken könnte, ausgenommen meine eigene Geschichte, und ich könnte nicht in Frieden sterben, ohne sie der Welt als Vermächtnis zu hinterlassen; den Gewinn, der sich daraus ergibt, vermache ich Ihnen für die Mühe, die Sie sich mit dem Aufschreiben machen. Es ist eine so ungewöhnliche Geschichte, daß alle Menschen sie lesen müssen; sie wird Ihrem Haus ein Vermögen einbringen.' Der Notar fuhr mit der Feder ins Tintenfaß. ‚Allmächtiger Lenker aller Ere'gnisse meines Lebens!' sagte der Edelmann, indem er ernst aufblickte und die Hände zum Himmel erhob. ‚Du, dessen Hand mich durch solch ein Labyrinth seltsamer Wege zu dieser Szene des Jammers geleitet hat, steh dem nachlassenden Gedächtnis eines alten, kranken, leidgeprüften Mannes bei! Lenke meine Zunge durch den Geist deiner ewigen Wahrheit, damit dieser Fremde nichts niederschreiben möge, als was in dem *Buch* zu finden ist, nach dessen Aussage', sagte er und schlug die Hände zusammen, ‚ich entweder verurteilt oder freigesprochen werden soll!' Der Notar hielt die Spitze seiner Feder zwischen der Lampe und seinem Auge.

‚Es ist eine Geschichte, *Monsieur le Notaire*', sagte der Edelmann, ‚die jedes Gefühl der Natur erregen wird; den Menschlichen wird sie töten, und das Herz der Grausamkeit selbst wird sie mit Mitleid erfüllen.'

Der Notar brannte vor Begierde anzufangen und tauchte die Feder zum drittenmal in das Tintenfaß, und der alte Edelmann, der sich ein wenig mehr dem Notar zuwandte, begann seine Geschichte mit folgenden Worten zu diktieren...“

„Und wo ist denn das übrige, La Fleur?" sagte ich, weil dieser eben in die Tür trat.

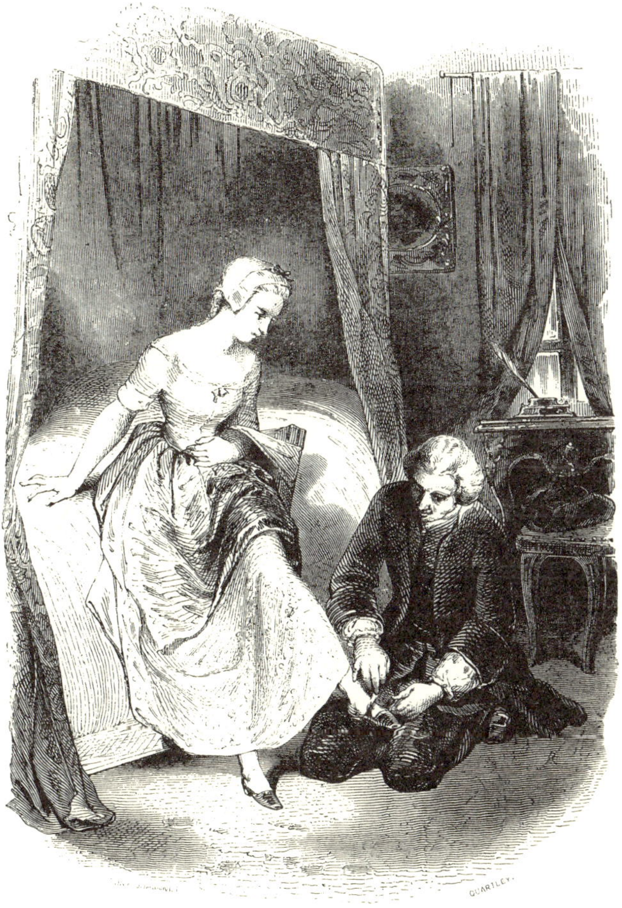
QUARTLEY.

Das Fragment und das Bouquet*

Paris

Als La Fleur nahe an den Tisch gekommen war und begriffen hatte, was mir fehlte, sagte er mir, es seien nur noch zwei weitere Bogen vorhanden, die er um die Stengel eines *bouquet* gewickelt habe, den er der *demoiselle* auf den Boulevards verehrt habe. „So geh Er doch bitte, La Fleur", sagte ich, „zum Haus des Grafen von B. zurück, und sehe Er zu, daß Er es bekommt." – „Ganz gewiß kann ich das", sagte La Fleur, und fort war er.

Nach ganz kurzer Zeit kam der arme Kerl völlig außer Atem zurück, mit tieferen Anzeichen der Enttäuschung im Blick, als der bloße Verlust des Fragments hätte bewirken können. *Juste ciel!* in weniger als zwei Minuten, nachdem der arme Kerl ihr zärtlich Lebewohl gesagt, hatte seine treulose Geliebte sein *gage d'amour* einem der Lakeien des Grafen gegeben; der Lakei gab es einer jungen Näherin und die Näherin wiederum mitsamt meinem Fragment einem Geiger. Unsere Unglücksfälle waren miteinander verflochten. Ich stieß einen Seufzer aus, und La Fleur ließ ihn in meinen Ohren widerhallen.

„Wie treulos!" rief La Fleur. „Wie unglücklich!" sagte ich.

„Es hätte mich nicht so gekränkt", sprach La Fleur, „wenn sie es verloren hätte, Monsieur!" – „Mich auch nicht, La Fleur", sagte ich, „wenn ich es nur gefunden hätte."

Ob das geschehen ist oder nicht, wird sich später zeigen.

* Blumenstrauß.

Die milde Gabe

Paris

Der Mann, der entweder aus Hochmut oder aus Furcht in keinen dunklen Gang geht, mag ein vortrefflicher Mensch und für hunderterlei Dinge begabt sein, aber er wird keinen guten empfindsamen Reisenden abgeben. Ich mache mir sehr wenig aus den vielen Dingen, die ich am hellen Tage auf breiten öffentlichen Straßen vorgehen sehe. Die Natur ist scheu und handelt sehr ungern vor Zuschauern; aber in so einem versteckten Winkel sieht man zuweilen eine einzige ihrer kurzen Szenen, die so gut ist wie alle Empfindungen aus einem Dutzend französischer Theaterstücke zusammengenommen. Und doch sind diese so *vollkommen*, und wenn ich mir einen außergewöhnlich glänzenden Auftritt verschaffen muß, verwende ich sie für meine Predigt, denn sie stehen e'nem Prediger ebenso gut an wie einem Helden; und was den Text anbelangt, so ist „Kappadozien, Pontus und Asien, Phrygien und Pamphylien" genauso gut dazu geeignet wie irgendeiner in der Bibel.

Von der Opéra comique führt ein langer dunkler Gang in eine enge Straße; er wird von den wenigen betreten, die nach der Oper bescheiden auf einen *fiacre** warten oder still zu Fuß weggehen wollen. An dem Ende, wo er ans Theater stößt, brennt eine kleine Kerze, deren Schein sich fast gänzlich verliert, ehe man halb hindurch ist. In der Nähe der Tür aber – das Licht ist mehr zum Zierat da als zum Gebrauch – sieht man es als einen Fixstern der letzten Größe; er brennt, bringt aber der Welt, die wir kennen, wenig Nutzen.

Als ich durch diesen Gang zurückkehrte, bemerkte ich,

* Mietkutsche.

da ich noch etwa fünf oder sechs Schritte von der Tür entfernt war, zwei Damen, die Arm in Arm, mit dem Rücken zur Wand dastanden und, wie ich annahm, auf einen *fiacre* warteten. Da sie dicht neben der Tür standen, dachte ich, sie hätten ein Recht zum Vortritt; deswegen stellte ich mich einen Schritt oder etwas mehr von ihnen entfernt hin und verhielt mich ganz ruhig. Ich war schwarz gekleidet, so daß man mich kaum sehen konnte.

Die Dame, die mir zunächst stand, war eine hochgewachsene, hagere Frau von ungefähr sechsunddreißig Jahren; die zweite hatte die gleiche Größe und Figur und war ungefähr vierzig. An keiner von beiden konnte man irgendein Zeichen des Ehe- oder Witwenstandes entdecken: Sie schienen zwei ehrbare vestalische Schwestern zu sein, nicht unterminiert durch Liebkosungen, unbestürmt durch zärtliche Umarmungen. Ich hatte fast den Wunsch, sie glücklich zu machen, doch an diesem Abend sollte ihr Glück von einer anderen Seite kommen.

Eine leise Stimme erbat in wohlgewählten Ausdrücken, die in einer lieblichen Kadenz endeten, von beiden um der Liebe des Himmels willen ein Zwölfsoustück. Es kam mir sonderbar vor, daß ein Bettler die Größe des Almosens bestimmte und daß die Summe zwölfmal soviel betragen sollte, als man im Dunklen zu geben pflegt. Sie schienen sich beide ebensosehr darüber zu wundern wie ich. „Zwölf Sous!" sagte die eine. „Ein Zwölfsoustück!" sagte die andere, ohne ihm zu antworten.

Der arme Mann sagte, er könne von Damen ihres Standes unmöglich weniger erbitten, und neigte sein Haupt bis zur Erde.

„Ach", sagte sie, „wir haben kein Geld bei uns."

Der Bettler schwieg ein paar Augenblicke und erneuerte dann sein Anliegen.

„Meine schönen jungen Damen", sagte er, „verschließen Sie doch Ihre gütigen Ohren nicht vor mir." – „Auf mein

Wort, guter Mann", sagte die Jüngere, „wir haben kein Kleingeld." - „Nun, so segne Sie der Himmel", sagte der arme Mann, „und vermehre die Freuden, die Sie anderen ohne Kleingeld geben können!" Ich bemerkte, daß die ältere Schwester in ihre Tasche griff. „Ich will nachsehen", sagte sie, „ob ich einen Sou habe." - „Einen Sou! Geben Sie doch zwölf", sprach der Bittsteller. „Die Natur ist freigebig gegen Sie gewesen, seien Sie dann auch freigebig gegen einen armen Mann."

„Ich würde es von Herzen gern tun, mein Freund", sagte die Jüngere, „wenn ich könnte."

„Meine schöne Barmherzige!" sagte er, indem er sich an die Ältere wandte. „Was anders als Ihre Güte und Menschenliebe macht Ihre glänzenden Augen so lieblich, daß sie selbst in diesem dunklen Gang den Morgen überstrahlen? Und was veranlaßte den Marquis de Santerre und seinen Bruder, so viel Gutes von Ihnen zu sagen, als sie eben hier vorbeikamen?"

Die beiden Damen schienen sehr gerührt zu sein; sie griffen, als ob ihnen jemand die Hand führte, beide zugleich in die Tasche, und jede zog ein Zwölfsoustück heraus.

Der Streit zwischen ihnen und dem armen Bittsteller war vorbei; sie setzten ihn nun unter sich darüber fort, wer von beiden das Zwölfsoustück verschenken sollte, und um dem Zwist ein Ende zu machen, gab jede das ihrige hin, und der Mann ging seiner Wege.

Des Rätsels Lösung

Paris

Ich ging ihm schnell nach: Es war derselbe Mann, dessen Geschicklichkeit, die Frauen vor der Tür des Hotels zur Mildtätigkeit zu bewegen, mir ein Rätsel aufgegeben hatte, und ich entdeckte auf einmal sein Geheimnis oder doch wenigstens den Grund, auf dem es beruhte - es war Schmeichelei.

Lieblicher Balsam! wie erquickend bist du der Natur! Wie mächtig treten alle ihre Kräfte und alle ihre Schwächen für dich ein! Wie süß vermischst du dich mit dem Blut und hilfst ihm, durch die engsten und gewundensten Gänge den Weg zum Herzen zu finden!

Da der arme Mann mit seiner Zeit nicht sparsam umzugehen brauchte, hatte er hier eine größere Dosis davon verabreicht. Gewiß verstand er sich auch darauf, seine Medizin für die verschiedenen Fälle, denen er sich auf den Straßen plötzlich gegenübersah, in kleinere Portionen einzuteilen; wie er es aber anstellte, sie zu versetzen, zu versüßen, zu konzentrieren und zu verändern - darüber will ich mir nicht den Kopf zerbrechen. Genug, der Bettler gewann zwei Zwölfsoustücke, und diejenigen, welche viel wichtigere Dinge durch sie gewonnen haben, können das weitere am besten erzählen.

Paris

Wir kommen in der Welt mehr dadurch voran, daß wir Gefälligkeiten annehmen, als daß wir welche erweisen. Man nimmt einen welken Zweig und steckt ihn in die Erde, und dann begießt man ihn, weil man ihn gepflanzt hat.

Nur weil Monsieur le Comte de B. mir eine Gefälligkeit in der Sache mit meinem Paß erwiesen hatte, wollte er damit fortfahren und mir in den wenigen Tagen, während er in Paris war, eine andere erweisen, indem er mich mit einigen Personen von Stand bekannt machte; diese sollten mich anderen Leuten vorstellen, und so weiter.

Ich hatte mir mein *Geheimnis* gerade zur rechten Zeit zu eigen gemacht, um aus dieser Ehre einigen Nutzen zu ziehen; sonst würde ich, wie es gewöhnlich der Fall ist, ein- oder höchstens zweimal bei jedem reihum zu Mittag oder zu Abend gegessen und, wenn ich dann die französischen Blicke und Gesten in schlichtes Englisch übersetzt hätte, sehr bald eingesehen haben, daß ich mir das *couvert** eines unterhaltsameren Gastes angemaßt hatte; und in der Folge hätte ich alle meine Plätze einen nach dem andern räumen müssen, nur weil ich sie nicht zu behaupten gewußt hätte. Doch jetzt ließ sich die Sache gar nicht so übel an.

Ich hatte die Ehre, bei dem alten Marquis de B. eingeführt zu werden; in alten Zeiten hatte er sich durch einige kleine Rittertaten am *cour d'amour* ausgezeichnet, und seitdem trug er ständig ein Kostüm, das seiner Vorstellung von Ritterspielen und Turnieren entsprach. Der Marquis de B. hätte gern den Eindruck erweckt, daß seine Liebeshändel nicht bloß in seinem Gehirn existierten. Er habe fast Lust, eine Reise nach England zu machen, und er erkundigte sich sehr nach den englischen Damen. „Bleiben Sie doch, wo Sie sind, Monsieur le Marquis, ich flehe Sie an", sagte ich. „Die *messieurs anglois* können ohnehin schon kaum einen freundlichen Blick von ihnen erhalten." Der Marquis lud mich zum Abendessen ein.

Monsieur P., der Generalsteuerpächter, erkundigte sich ebenso eifrig nach unseren Abgaben. Sie seien sehr beträchtlich, habe er gehört. „Wenn wir uns nur darauf ver-

* Teller, Serviette, Messer, Gabel und Löffel.

ständen, sie einzutreiben", sagte ich und machte ihm eine tiefe Verbeugung.

Das war die einzige Möglichkeit, eine Einladung zu Monsieur P.'s Konzerten zu erhalten.

Bei Madame de Q. hatte man mir fälschlicherweise nachgesagt, ich sei ein *esprit*. Madame de Q. war selbst ein *esprit*; sie brannte vor Begierde, mich zu sehen und reden zu hören. Ich hatte kaum Platz genommen, als ich schon erkannte, daß sie sich ganz und gar nicht darum bekümmerte, ob ich Geist hatte oder nicht. Ich war da, um überzeugt zu werden, daß sie welchen habe. Der Himmel ist mein Zeuge, daß ich die Pforte meiner Lippen nicht ein einziges Mal geöffnet habe.

Madame de Q. beteuerte jedem Lebewesen, das sie traf, sie habe in ihrem ganzen Leben noch mit keinem Mann eine lehrreichere Unterhaltung geführt.

Die Regierungszeit einer französischen Dame besteht aus drei Epochen: Sie ist zuerst Kokette, dann Freigeist, dann *dévote*. Solange diese dauern, gibt sie nie ihre Herrschergewalt auf – sie wechselt nur ihre Untertanen. Wenn fünfunddreißig Jahre und mehr ihren Staat von den Sklaven der Liebe entvölkert haben, bevölkert sie ihn wieder mit Sklaven des Unglaubens und dann mit Sklaven der Kirche.

Madame de V. schwankte zwischen den beiden ersten Epochen; die Farbe der Rose verblaßte schnell – sie hätte schon fünf Jahre vor der Zeit, da ich die Ehre hatte, ihr meinen ersten Besuch zu machen, ein Freigeist werden sollen.

Sie ließ mich neben sich auf ihrem Sofa Platz nehmen, um die Frage der Religion desto näher erörtern zu können. Kurz, Madame de V. sagte mir, sie glaube gar nichts.

Ich antwortete Madame de V., das sei vielleicht ihr Grundsatz, aber ich sei überzeugt, daß es nicht ihr Vorteil sein könne, die Außenwerke zu schleifen, ohne die mir die Verteidigung einer Festung wie der ihrigen unbegreiflich erscheine; daß nichts auf der Welt so gefährlich sei wie die Freigeisterei für eine Schönheit; daß ich es meinem Glauben schuldig sei, ihr das nicht zu verheimlichen; daß ich noch keine fünf Minuten neben ihr auf dem Sofa gesessen hätte, als ich schon angefangen hätte, Anschläge zu machen – und was sonst als die Empfindungen der Religion und die Überzeugung, daß sie auch in ihrer Brust wohnten, hätten diese Gedanken ersticken können, als sie in mir aufgestiegen seien?

„Wir sind nicht aus Diamant", sagte ich, indem ich ihre Hand ergriff, „und es ist alle Selbstbeherrschung erforderlich, bis zu gegebener Zeit das Alter herbeischleicht und sie uns aufzwingt. Aber, meine teuerste Dame", sagte ich und küßte ihr die Hand, „es ist noch zu früh, zu früh..."

Ich kann sagen, daß ich in ganz Paris dafür bekannt war, Madame de V. von ihrem Irrtum befreit zu haben. Sie versicherte Monsieur D. und dem Abbé M., ich hätte in einer halben Stunde mehr *für* die geoffenbarte Religion vorgebracht als ihre ganze Enzyklopädie *dagegen*. Ich wurde unverzüglich in die *coterie* der Madame de V. aufgenommen, und sie schob die Epoche der Freigeisterei um zwei weitere Jahre hinaus.

Ich erinnere mich, es war in dieser *coterie*, mitten in einem Gespräch, in dem ich die Notwendigkeit einer *ersten Ursache* zeigte, daß der junge Graf von Fainéant mich bei der Hand nahm und in den entferntesten Winkel des Zimmers führte, um mir zu sagen, daß meine *solitaire* zu eng um den Hals gebunden sei. Sie müsse *plus badinant* sitzen, sagte der Graf und sah dabei auf seine eigene hinunter. „Doch, Monsieur Yorick, ein Wort *zu dem Weisen*..."

„Und *von dem Weisen*, Monsieur le Comte", versetzte ich, indem ich mich verneigte, „*ist genug.*"

Der Graf von Fainéant umarmte mich heftiger, als ich je von einem Sterblichen umarmt worden bin.

Drei Wochen lang war ich der Meinung eines jeden, mit

dem ich zusammentraf. „*Pardi! ce Monsieur Yorick a autant d'esprit que nous autres.*" – „*Il raisonne bien*", sagte ein anderer. „*C'est un bon enfant*", sagte ein dritter. Und um diesen Preis hätte ich alle Tage meines Lebens in Paris essen, trinken und fröhlich sein können. Aber es war eine schimpfliche *Berechnung*; ich begann mich deswegen zu schämen. Es war der Lohn eines Sklaven – jedes Ehrgefühl empörte sich dagegen. Je höher ich stieg, um so mehr war ich an mein *erbärmliches System* gebunden; je besser die *coterie*, um so mehr Kinder der Kunst. Ich sehnte mich nach den Kindern der Natur, und eines Abends, nachdem ich mich einem halben Dutzend verschiedener Leute auf die schändlichste Art preisgegeben hatte, wurde mir übel, ich ging zu Bett und befahl La Fleur, für den nächsten Morgen Pferde zu bestellen, um nach Italien abzureisen.

MARIA

Moulins

Noch hatte ich die Not des Überflusses in keinerlei Gestalt empfunden, bis ich jetzt durch das Bourbonnais, den lieblichsten Teil Frankreichs, reiste, zur Zeit der fröhlichen Weinlese, wenn die Natur ihr Füllhorn in jedermanns Schoß ausschüttet und jedes Auge in die Höhe gerichtet ist – eine Reise, auf der bei jedem Schritt Musik den Takt zur *Arbeit* schlägt und alle ihre Kinder jauchzend ihre Trauben einsammeln. Hier durchzukommen in meiner Hochstimmung, die jeder Gruppe vor mir entgegenflog und sich an ihr entzündete! und eine jede war schwanger mit Abenteuern.

Gerechter Himmel! zwanzig Bände würde es füllen, doch leider habe ich nur noch wenige Seiten übrig, in die ich es hineinpfropfen muß. Und die Hälfte davon gehört der armen Maria, der mein Freund, Herr Shandy, nicht weit von Moulins begegnet war.

Die Geschichte, die er von diesem geistesgestörten Mädchen erzählte, rührte mich nicht wenig, als ich sie las; und als ich in die Nähe ihres Wohnorts kam, kehrte sie so mächtig in mein Gedächtnis zurück, daß ich dem Impuls nicht widerstehen konnte, der mich antrieb, einen Umweg von einer halben Meile zu machen, um mich in dem Dorf, wo ihre Eltern wohnten, nach ihr zu erkundigen.

Dies heißt, ich gestehe es, wie der Ritter von der traurigen Gestalt auf melancholische Abenteuer ausgehen. Ich weiß aber nicht, wie es kommt, daß ich mir niemals der Existenz einer Seele in mir so eindeutig bewußt bin, wie wenn ich in dergleichen Abenteuer verwickelt bin.

Die alte Mutter kam an die Türe. Ihr Blick erzählte mir die Geschichte, bevor sie den Mund öffnete: Sie hatte ihren Mann verloren; er sei, sagte sie, vor ungefähr einem Monat aus Kummer über die Sinnesverwirrung Marias gestorben. Anfänglich habe sie befürchtet, fuhr sie fort, daß dies ihr armes Mädchen vollends um das bißchen Verstand bringen würde, das ihr noch übriggeblieben sei, es habe sie aber im Gegenteil mehr zu sich selbst gebracht. Noch habe sie keine Ruhe; ihre arme Tochter, sagte sie weinend, wandere irgendwo auf der Landstraße umher.

Warum schlägt mein Puls so träge, während ich dies schreibe? Und was veranlaßte La Fleur, dessen Herz ganz auf Freude abgestimmt zu sein schien, sich zweimal mit dem Rücken seiner Hand über die Augen zu fahren, als die alte Frau dastand und erzählte? Ich befahl dem Postillion, zur Landstraße zurückzukehren.

Als wir bis auf eine halbe Meile an Moulins herangekommen waren, entdeckte ich an einem Seitenweg, der zu einem Dickicht führte, die arme Maria unter einer Pappel sitzend. Sie hatte den Ellbogen auf den Schoß gestützt und lehnte den Kopf seitlich in die Hand; ein kleiner Bach floß am Fuß des Baumes vorbei.

Ich ließ den Postillion mit der Chaise voraus nach Moulins fahren, La Fleur sollte mein Abendessen bestellen, und ich wollte ihm zu Fuß folgen.

Sie war weiß gekleidet und sah fast genauso aus, wie mein Freund sie beschrieben hat; nur ihr Haar, das damals mit einem seidenen Netz zusammengeflochten war, hing lose herab. Sie hatte außerdem ihrem Mieder ein blaßgrünes Band zugefügt, das über ihre Schultern bis auf die Hüften hinabfiel; an seinem Ende hing ihre Hirtenflöte. Ihre Ziege war ihr ebenso untreu geworden wie ihr Geliebter, und sie hatte sich an ihrer Statt einen kleinen Hund angeschafft, den sie mit einer Schnur am Gürtel festgebunden hatte. Als ich ihren Hund ansah, zog sie ihn mit der Schnur an sich. „Du darfst mich doch nicht verlassen, Sylvio", sagte sie. Ich sah Maria in die Augen und entdeckte, daß sie mehr an ihren Vater als an ihren Geliebten oder ihre kleine Ziege dachte; denn als sie seinen Namen aussprach, rollten ihr Tränen die Wangen hinunter.

Ich setzte mich dicht neben sie, und Maria ließ mich die niederfallenden Tränen mit meinem Taschentuch wegwischen. Dann tauchte ich es in meine eigenen, und dann in ihre, und dann in meine, und dann wischte ich wieder die ihrigen ab, und während ich das tat, fühlte ich so unbeschreibliche Empfindungen in mir, die man ganz gewiß nicht aus irgendeiner Verbindung von Materie und Bewegung erklären kann.

Ich weiß ganz sicher, daß ich eine Seele habe; und alle Bücher, mit denen die Materialisten die Welt heimgesucht haben, können mich nicht vom Gegenteil überzeugen.

Maria

Als Maria ein wenig zu sich gekommen war, fragte ich sie, ob sie sich einer blassen, schmächtigen Mannsperson erinnere, die vor ungefähr zwei Jahren zwischen ihr und ihrer Ziege gesessen habe. Sie sagte, sie sei damals sehr durcheinander gewesen, erinnere sich aber aus zwei Gründen: sie habe, so krank sie auch gewesen sei, doch gesehen, daß der Mann Mitleid mit ihr hatte, und außerdem habe ihr Ziegenbock sein Taschentuch gestohlen und sie habe ihn wegen des Diebstahls geschlagen. Sie habe es, sagte sie, im Bach gewaschen und trage es seitdem ständig in der Tasche, um es ihm zurückzugeben, falls sie ihn jemals wiedersehen sollte, was er ihr, fügte sie hinzu, halbwegs versprochen habe. Als sie mir das erzählte, zog sie das Tuch aus der Tasche, um es mir zu zeigen; sie hatte es ganz sauber in ein paar Weinblätter gewickelt und mit einer Ranke umwunden. Als sie es aufmachte, sah ich, daß es in einer Ecke mit einem S. gezeichnet war.

Sie habe sich seitdem, erzählte sie mir, bis nach Rom verirrt und sei einmal um die Peterskirche herumgegangen und dann zurückgekehrt; sie habe ganz allein den Weg über den Apennin gefunden und sei durch die ganze Lombardei ohne Geld und über die steinigen Straßen in Savoyen ohne Schuhe gereist. Wie sie es ausgehalten habe und wie sie durchgekommen sei, das könne sie nicht sagen. „Aber der liebe Gott", sagte Maria, „schickt warmen Wind, wenn das Lamm geschoren ist."

„Ja, geschoren!" sagte ich, „und zwar bis ins Fleisch! Und wärst du in meiner Heimat, wo ich ein Häuschen habe, dann würde ich dich mitnehmen und dir Schutz und Obdach gewähren; du solltest von meinem Brot essen und aus meinem Becher trinken. Ich wäre freundlich zu deinem Sylvio; wenn du schwach würdest und umherirrtest, würde ich dich suchen und zurückbringen. Wenn die Sonne unterginge, würde ich mein Abendgebet verrichten, und dann solltest du auf deiner Flöte dein Abendlied spielen, und der Rauch meines Opfers würde deswegen nicht weniger gnädig angenommen werden, weil er zugleich mit dem eines gebrochenen Herzens zum Himmel emporstiege."

Mein Herz schmolz dahin bei diesen Worten, und da Maria, als ich mein Taschentuch herauszog, bemerkte, daß es bereits zu feucht war, um noch benutzt zu werden, wollte sie es mit aller Gewalt im Bach waschen. „Und wo willst du es trocknen, Maria?" fragte ich. „Ich will es in meinem Busen trocknen", sagte sie, „das wird mir wohltun."

„Und ist dein Herz denn noch immer so warm, Maria?" sagte ich.

Ich berührte die Saite, an der alle ihre Leiden hingen. Sie blickte mir eine Weile wehmütig und verstört ins Gesicht, und dann nahm sie, ohne ein Wort zu sagen, ihre Flöte und spielte ihr Lied an die Heilige Jungfrau. Die Saite, die ich berührt hatte, hörte auf zu schwingen: in ein paar Augenblicken kam Maria wieder zu sich, ließ die Flöte fallen und stand auf.

„Und wo willst du hingehen, Maria?" fragte ich. „Nach Moulins", sagte sie. „Laß uns zusammen gehen", sagte ich. Maria legte ihren Arm in den meinigen, verlängerte die Schnur, um den Hund folgen zu lassen, und in dieser Ordnung zogen wir in Moulins ein.

Maria

Moulins

Obgleich ich Begrüßungs- und Abschiedsszenen auf offenem Markt hasse, blieb ich doch, als wir mitten auf ihm angekommen waren, stehen, um Maria zum letztenmal anzublicken und ihr zum letztenmal Lebewohl zu sagen.

Maria war zwar nicht groß, aber von ausnehmend schöner Gestalt. Die Betrübnis hatte ihren Zügen etwas verliehen, was kaum noch irdisch war. Doch war sie noch immer weiblich und hatte so viel von dem an sich, was das Herz wünscht und wonach das Auge bei einer Frau sucht, daß sie, könnte sie die Spuren aus ihrem Gehirn und ich Eliza aus dem meinigen löschen, *nicht nur von meinem Brot essen und aus meinem Becher trinken* sollte, sondern Maria sollte an meinem Busen ruhen und mir wie eine Tochter sein.

Lebe wohl, armes, unglückliches Mädchen! Trinke das Öl und den Wein, die das Mitleid eines Fremden, der seine Straße dahinzieht, jetzt in deine Wunden gießt. Das Wesen, das dich zweimal verwundet hat, kann sie allein auf ewig verbinden.

Bourbonnais

Von nichts in der Welt hatte ich mir einen so fröhlichen Aufruhr der Gefühle ausgemalt wie von dieser Reise zur Zeit der Weinlese durch diesen Teil Frankreichs; aber da ich mich durch diese Pforte der Betrübnis dorthin drängte, hatten meine Leiden mich dazu ganz unfähig gemacht. Bei jeder festlichen Szene sah ich Maria im Hintergrund des Bildes gedankenvoll unter ihrer Pappel sitzen; und ich war fast bis Lyon gekommen, bevor ich einen Schleier über sie werfen konnte.

Teure Empfindsamkeit! Unerschöpfliche Quelle alles dessen, was köstlich in unseren Freuden oder kostbar in unserer Traurigkeit ist! Du kettest deinen Märtyrer an sein Strohlager, du erhebst ihn auch empor zum *Himmel.* Ewiger Brunnen unserer Gefühle, hier will ich dich suchen, und dies ist deine Göttlichkeit, die sich in mir regt; nicht, daß in traurigen und schweren Augenblicken „meine Seele zurückbebt in sich selbst und vor der Vernichtung sich entsetzt" - bloßes Wortgepränge! -, sondern, daß ich noch uneigennützige Freuden und uneigennützige Sorgen, die nicht mir selbst gelten, empfinden kann. Alles kommt von dir, großes, großes *Sensorium* der Welt, das in Schwingungen gerät, wenn auch nur ein Haar in der entferntesten Wüste deiner Schöpfung von unserem Haupt fällt. Von dir gerührt, zieht Eugenius meinen Vorhang auf, wenn ich krank darniederliege, hört meinen Bericht über die Symptome an und macht das Wetter für seine gereizten Nerven verantwortlich. Zuweilen gibst du dem rohesten Bauern, der die unwirtlichsten Gebirge durchstreift, seinen Anteil daran: Er findet das zerrissene Lamm aus einer fremden Herde. In diesem Augenblick sehe ich, wie er, den Kopf an seinen Stab gelehnt, mit mitleidigem Gefühl darauf hinabblickt. „Oh, wäre ich einen Augenblick früher gekommen!" Es blutet sich zu Tode - sein fühlendes Herz blutet mit ihm.

Friede sei mit dir, großmütiger Hirt! Ich sehe dich voll Kummer von dannen gehen, aber deine Freuden sollen ihn aufwiegen; denn glücklich ist deine Hütte, glücklich ist sie, die sie mit dir teilt, und glücklich sind die Lämmer, die um euch herumtollen.

Das Abendessen

Als sich am Fuß des Berges Tarare* bei unserem Deichselpferd eines der vorderen Hufeisen gelockert hatte, stieg der Postillion ab, drehte es vollends herunter und steckte es in die Tasche. Da der Aufstieg fünf oder sechs Meilen lang war und wir uns hauptsächlich auf dieses Pferd verlassen mußten, bestand ich darauf, daß das Eisen wieder so gut wie möglich befestigt werde; der Postillion hatte jedoch die Nägel weggeworfen, und da uns ohne sie der Hammer im Kutschkasten keine großen Dienste leisten konnte, ergab ich mich darein, daß wir weiterfuhren.

Das arme Tier war noch keine halbe Meile höher gestiegen, als es auf einem steinigen Wegstück das zweite Eisen vom anderen Vorderfuß verlor. Jetzt stieg ich im vollen Ernst aus der Chaise, und als ich ungefähr eine Viertelmeile zur Linken ein Haus liegen sah, brachte ich mit vieler Mühe den Postillion dazu, daß er dorthin fuhr. Der Anblick des Hauses und seiner ganzen Umgebung söhnte mich, als wir näher herankamen, bald mit dem Unfall aus. Es war ein kleines Bauernhaus, umgeben von ungefähr zwanzig Morgen Weinland und ungefähr ebensoviel Ackerland, und dicht am Haus lag auf der einen Seite ein *potager* von anderthalb Morgen, in dem alles wuchs, was ein französisches Bauernhaus in Hülle und Fülle versorgen kann, und auf der anderen Seite war ein kleiner Wald, der das Holz für den Herd lieferte. Es war ungefähr acht Uhr am Abend, als ich das Haus erreichte; ich ließ also den Postillion seine Sache machen, so gut er konnte, und ging meinerseits geradewegs ins Haus.

Die Familie bestand aus einem alten, grauhaarigen Mann, seiner Frau, fünf oder sechs Söhnen und Schwiegersöhnen

* Das Original hat Taurire (Anmerkung des Übersetzers).

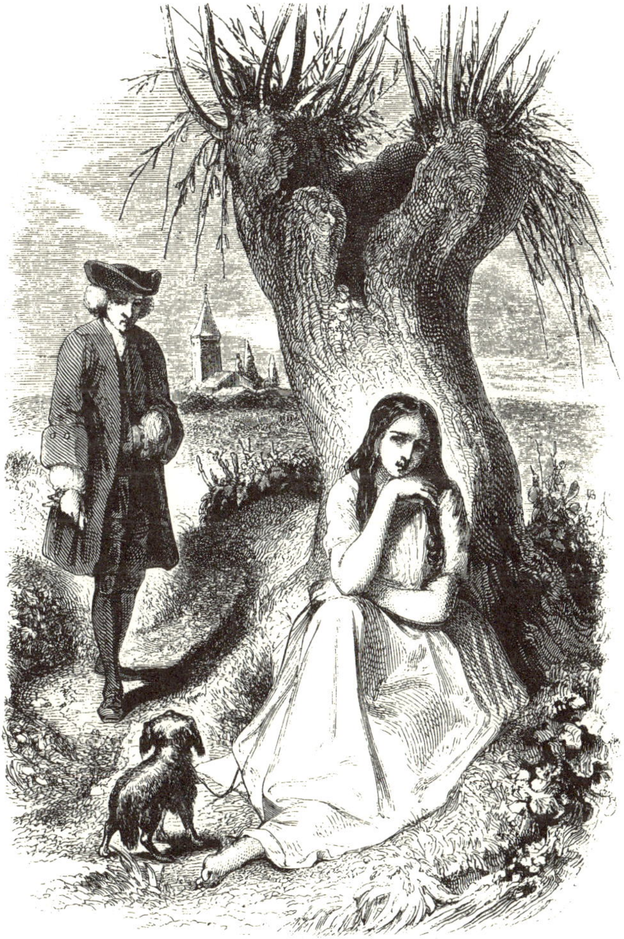

und deren jeweiligen Frauen sowie einer munteren Kinderschar.

Sie saßen alle um ihre Linsensuppe herum; ein großes Weizenbrot lag mitten auf dem Tisch, und ein Weinkrug an jedem Ende versprach Freude bei allen Gängen der Mahlzeit: Es war ein Liebesmahl.

Der alte Mann erhob sich, um mich zu begrüßen, und nötigte mich mit ehrerbietiger Herzlichkeit, ich solle mich an den Tisch setzen. Mein Herz hatte sich schon in dem Augenblick, da ich ins Zimmer trat, bei ihnen niedergelassen; also nahm ich sogleich Platz wie ein Sohn des Hauses, und um mir so bald wie möglich diese Rolle zu eigen zu machen, borgte ich mir sogleich das Messer des alten Mannes aus, ergriff das Brot und schnitt mir eine tüchtige Scheibe ab; und als ich das tat, sah ich in aller Augen die Bekundung nicht nur eines aufrichtigen Willkommens, sondern eines Willkommens, in das sich der Dank dafür mischte, daß ich offensichtlich nicht daran gezweifelt hatte.

War es das, oder sage mir, Natur, was war es sonst, das mir diesen Bissen so schmackhaft machte? und welcher übernatürlichen Kraft hatte ich es zu verdanken, daß der Schluck, den ich aus dem Krug tat, so köstlich schmeckte, daß ich beides bis auf diese Stunde noch auf der Zunge spüre?

War die Mahlzeit schon nach meinem Geschmack, so war es das darauffolgende Dankgebet noch mehr.

Das Dankgebet

Als das Abendessen vorbei war, schlug der alte Mann mit dem Heft seines Messers auf den Tisch und gab so das Zeichen, sich zum Tanz vorzubereiten. Sobald das Signal gegeben war, liefen alle Frauen und Mädchen in ein Hinterzimmer, um sich das Haar aufzubinden, und die jungen

Männer zur Tür, um sich das Gesicht zu waschen und ihre Holzschuhe mit anderen zu vertauschen; und in drei Minuten waren sie alle auf einem kleinen Platz vor dem Haus bereit anzufangen. Der alte Mann und seine Frau kamen zuletzt heraus und setzten sich, indem sie mich zwischen sich nahmen, auf eine Rasenbank neben der Tür.

Vor ungefähr fünfzig Jahren hatte der alte Mann nicht übel mit der *vielle** umzugehen gewußt, und auch jetzt in seinem Alter spielte er sie noch recht gut. Zuweilen sang seine Frau die Melodie ein wenig mit, hielt vorübergehend inne und fiel mit ihrer Stimme wieder ein, während ihre Kinder und Enkel vor ihnen tanzten.

Erst in der Mitte des zweiten Tanzes kam es mir so vor, als ob ich in verschiedenen Pausen, in denen sie alle emporzublicken schienen, eine Erhebung des Geistes bemerken könnte, die sich von jener unterschied, welche die Ursache oder die Wirkung bloßer Lustigkeit ist. Mit einem Wort, ich glaubte zu sehen, wie *Religion* sich in den Tanz mischte. Da ich sie aber noch nie in solcher Gesellschaft gefunden hatte, hätte ich es wohl als eine der Täuschungen einer Phantasie betrachtet, die mich immer wieder irreführt, wenn nicht der alte Mann, sobald der Tanz vorüber war, gesagt hätte, daß dies ihre ständige Gewohnheit sei und daß er es sich sein Leben lang zur Regel gemacht habe, sofort nach dem Abendessen seine Familie zu Tanz und Frohsinn zusammenzurufen; denn er glaube, sagte er, daß ein fröhliches und zufriedenes Gemüt der beste Dank sei, den ein ungelehrter Bauer dem Himmel darbringen könne.

„Oder auch ein gelehrter Prälat", sagte ich.

* Drehleier (Anmerkung des Übersetzers).

Der heikle Fall

Wenn man den Gipfel des Berges Tarare erreicht hat, geht es gleich hinunter nach Lyon. Dann adieu jeder schnellen Bewegung! Es ist eine Reise, die Vorsicht erfordert, und für die Empfindungen ist es am besten, sich dabei nicht zu übereilen; also machte ich mit einem *voiturin* aus, er solle sich mit dem Mauleselpaar Zeit lassen und mich in meiner eigenen Chaise wohlbehalten durch Savoyen nach Turin bringen.

Armes, geduldiges, friedsames, ehrliches Volk, sei unbesorgt: deine Armut, den Schatz deiner einfältigen Tugenden, wird dir die Welt nicht neiden, noch wird sie deine Täler überfallen. Natur! inmitten deiner Unwirtlichkeit bist du dennoch freundlich gegen die Bedürftigkeit, die du geschaffen hast. Bei allen deinen großen Werken um dich her bleibt dir doch nur wenig übrig, um es der Sense oder der Sichel zu geben. Diesem wenigen aber gewährst du Sicherheit und Schutz, und lieblich sind die Wohnungen, die so beschirmt werden.

Laß den ermüdeten Reisenden seinen Klagen Luft machen über die jähen Biegungen und Gefahren deiner Straßen, über deine Felsen, deine Abgründe, über die Schwierigkeiten des Aufstiegs, die Schrecken des Abstiegs, die unwegsamen Berge und Katarakte, die große Steine von den Gipfeln hinabrollen und ihm den Weg versperren. Die Bauern hatten den ganzen Tag gearbeitet, einen solchen Felsbrocken zwischen St. Michael und Madane aus dem Weg zu räumen; und als mein *voiturin* bei der Stelle anlangte, dauerte es noch zwei volle Stunden, bis überhaupt eine Durchfahrt möglich war. Man konnte nichts anderes tun als in Geduld warten. Es war ein nasser, stürmischer Abend, so daß der *voiturin* dadurch und infolge des Zeitverlustes genötigt war, seine Tagereise um fünf Meilen zu verkürzen und in einem kleinen anständigen Wirtshaus an der Landstraße einzukehren.

Ich nahm sogleich Besitz von meiner Schlafkammer, ließ ein tüchtiges Feuer machen, bestellte das Abendessen und dankte eben dem Himmel, daß es nicht schlimmer abgelaufen war, als eine *voiture* mit einer Dame und ihrer Kammerzofe anlangte.

Da keine andere Schlafkammer im Hause war, führte die Wirtin die beiden ohne viel Umstände in die meinige und sagte ihnen, als sie sie hereinkomplimentierte, daß niemand darin sei als ein englischer Herr und daß zwei gute Betten und noch ein Verschlag vorhanden seien, in dem sich ein weiteres befinde. Der Ton, in dem sie von diesem dritten Bett sprach, war nicht gerade eine Empfehlung. Auf jeden Fall, sagte sie, seien drei Betten da und auch nur drei Personen, und sie möchte meinen, daß der fremde Herr alles tun werde, um das Problem zufriedenstellend zu lösen. Ich ließ der Dame keinen Augenblick Zeit zu Vermutungen, sondern gab unverzüglich die Erklärung ab, daß ich alles tun würde, was in meiner Macht stünde.

Da dies nicht einer völligen Übergabe meiner Schlafkammer gleichkam, fühlte ich mich noch so weit als Besitzer, daß ich das Recht hatte, die Honneurs zu machen. Ich bat also die Dame, sich zu setzen, nötigte sie zum wärmsten Sitzplatz, verlangte mehr Holz, bat die Wirtin, den Plan des Abendessens zu erweitern und uns mit dem allerbesten Wein zu beehren.

Die Dame hatte sich kaum fünf Minuten am Feuer gewärmt, als sie anfing den Kopf herumzudrehen und einen Blick auf die Betten zu werfen; und je öfter sie die Augen in diese Richtung wandte, um so verwirrter kehrten sie zurück. Ich fühlte für sie – und für mich selbst; denn in wenigen Minuten wurde ich sowohl durch ihre Blicke als auch durch unsere Lage an sich so verlegen, wie es die Dame nur sein konnte.

Daß die Betten, in denen wir schlafen sollten, in ein und demselben Zimmer standen, dieser Umstand war allein schon genug, um all dies zu bewirken, aber durch ihre Position – sie standen parallel und so dicht nebeneinander, daß nur ein kleiner Korbstuhl zwischen ihnen Platz hatte – wurde die Sache noch bedrückender für uns. Sie waren noch dazu in der Nähe des Feuers aufgestellt, und der Vorbau des Kamins auf der einen und ein großer Tragbalken, der quer durchs Zimmer ging, auf der anderen Seite bildeten eine Art Alkoven, welcher der Zartheit unserer Gefühle gar nicht günstig war. Wenn noch etwas hinzukommen konnte, so war es dies: beide Betten waren so schmal, daß es einem den Gedanken an die Möglichkeit abschnitt, die Dame und ihre Jungfer könnten zusammen schlafen. Wenn es sich in einem der beiden Betten hätte machen lassen und wenn ich mich dann in das andere daneben gelegt hätte, so wäre das zwar nicht gerade wünschenswert gewesen, aber es hätte auch nichts so Furchtbares an sich gehabt, über das nicht die Phantasie ohne Gewissensqual hätte hinwegkommen können.

Was den kleinen Nebenraum betrifft, so gab er uns wenig oder gar keinen Trost; es war ein feuchter, kalter Verschlag mit einem halbzerbrochenen Fensterladen und mit einem Fenster, in dem weder Glas noch Ölpapier war, um die stürmische Nacht abzuwehren. Ich gab mir keine Mühe, meinen Husten zurückzuhalten, als die Dame einen Blick hineinwarf; demnach blieb uns nur folgende Alternative: entweder mußte die Dame ihre Gesundheit ihren Gefühlen opfern, sich selbst mit dem Verschlag abfinden und das Bett neben dem meinen dem Mädchen überlassen, oder das Mädchen mußte im Verschlag schlafen etc. etc.

Die Dame war eine Piemonteserin von ungefähr dreißig Jahren, mit den Zeichen blühender Gesundheit auf den Wangen. Die Jungfer war eine Lyonerin von zwanzig und ein so flinkes und lebhaftes französisches Mädchen, wie nur je eines gelebt hat. Überall gab es Schwierigkeiten, und das

Hindernis des Felsbrockens auf der Straße, das uns in diese Not gebracht hatte – so groß es auch zu sein schien, als es die Bauern wegräumten –, war nur ein Kieselstein im Vergleich zu dem, was uns jetzt im Wege lag. Ich habe nur noch hinzuzufügen, daß die Last, die unsere Seele beschwerte, dadurch nicht erleichtert wurde, daß wir beide zu zartfühlend waren, um einander das zu sagen, was wir bei dieser Gelegenheit empfanden.

Wir setzten uns zum Abendessen hin, und hätten wir dabei keinen edleren Wein gehabt als den, welcher in einem kleinen savoyischen Wirtshaus zu haben ist, so wären unsere Zungen gefesselt geblieben, bis die Notwendigkeit sie gelöst hätte. Doch da die Dame einige Flaschen Burgunder in ihrer *voiture* hatte, ließ sie durch ihre *fille de chambre* ein paar davon heraufholen, so daß wir, als wir zu Abend gegessen hatten und allein gelassen waren, genügend Seelenstärke in uns spürten, um wenigstens ohne Zurückhaltung von unserer Situation zu sprechen. Wir drehten und wendeten sie nach allen Seiten und erörterten und betrachteten sie im Verlauf einer zweistündigen Verhandlung in jeder erdenklichen Beleuchtung; am Ende derselben wurden die Artikel zwischen uns vereinbart und in der Art und Weise eines Friedensvertrages festgelegt, und zwar, glaube ich, mit ebensoviel Redlichkeit und Vertrauen auf beiden Seiten wie bei irgendeinem Vertrag, der bis dahin die Ehre gehabt hat, der Nachwelt überliefert zu werden.

Es waren folgende:

Erstens: Da Monsieur im rechtmäßigen Besitz der Kammer ist und er das Bett neben dem Feuer für das wärmste hält, so besteht er darauf, daß es ihm von seiten der Dame zugestanden werde.

Zugestanden seitens der Dame, jedoch mit folgendem Zusatz: Da die Vorhänge dieses Bettes aus dünnem, durchsichtigem Kattun bestehen und auch zu schmal zu sein scheinen, um dicht zugezogen zu werden, soll die *fille de chambre* die Öffnung mit großen Stecknadeln oder auch mit Nadel und Zwirn dergestalt verschließen, daß die Schutzwand vor Monsieur als ausreichend betrachtet werden kann.

Zweitens: Madame bedingt sich aus, daß Monsieur die ganze Nacht in seiner *robe de chambre* schlafen soll.

Abgelehnt, da Monsieur keine *robe de chambre* besitzt; sein Mantelsack enthält nichts als ein halbes Dutzend Hemden und eine schwarzseidene Hose.

Die Erwähnung der seidenen Hose bewirkte eine völlige Änderung des Artikels, denn die Hose wurde als Ersatz für die *robe de chambre* angenommen; und also wurde bestimmt und festgesetzt, daß ich die ganze Nacht in meiner schwarzseidenen Hose schlafen sollte.

Drittens: Es wird verlangt und von seiten der Dame gefordert, daß, nachdem Monsieur zu Bett gegangen sei und die Kerze und das Feuer ausgelöscht seien, Monsieur die ganze Nacht hindurch kein einziges Wort sprechen solle.

Zugestanden unter der Voraussetzung, daß es nicht als Bruch des Vertrags gilt, wenn Monsieur seine Gebete spricht.

Es war nur ein Punkt in diesem Vertrag vergessen worden, und zwar die Art und Weise, wie die Dame und ich uns auskleiden und zu Bett gehen sollten. Es gab nur eine Möglichkeit, es zu tun, und die lasse ich den Leser erraten, und ich versichere zugleich, daß er, wenn es nicht die taktvollste ist, die es überhaupt gibt, die Schuld allein seiner eigenen Phantasie zuzuschreiben hat, über die ich mich hier nicht zum erstenmal zu beklagen habe.

Ob es nun, nachdem wir zu Bett gegangen waren, die Neuheit der Situation oder sonst etwas war, das weiß ich nicht – jedenfalls konnte ich kein Auge schließen; ich versuchte es auf der einen Seite und auf der anderen und warf mich immer wieder herum, bis ich eine volle Stunde nach Mitternacht, als Natur und Geduld erschöpft waren, ausrief: „O mein Gott!"

„Sie haben den Vertrag gebrochen, Monsieur", sagte die Dame, die ebensowenig geschlafen hatte wie ich. Ich bat sie tausendmal um Vergebung, bestand aber darauf, daß es lediglich ein Seufzer gewesen sei. Sie behauptete, es sei ein förmlicher Bruch des Vertrags. Ich behauptete, dieser Fall sei in der Klausel des dritten Artikels berücksichtigt.

Die Dame wollte um nichts in der Welt nachgeben, obgleich sie ihren Schutzwall dadurch schwächte; denn in der Hitze des Streits konnte ich hören, daß zwei oder drei große Stecknadeln aus dem Vorhang zu Boden fielen.

„Bei meinem Wort und meiner Ehre, Madame", sagte ich, indem ich meinen Arm zur Beteuerung aus dem Bett streckte.

(Ich hatte hinzufügen wollen, daß ich um alles in der Welt nicht gegen die geringste Regel des Anstands verstoßen wollte.)

Aber die *fille de chambre*, die gehört hatte, daß zwischen uns ein Wortwechsel entstanden war, und fürchtete, es könne zu feindseligen Handlungen kommen, war leise aus ihrem Verschlag gekrochen und, weil es völlig finster war, so nahe an unsere Betten herangeschlichen, daß sie in den engen Gang, der sie voneinander trennte, geraten war, und sie war so weit vorgedrungen, daß sie in gerader Linie zwischen ihrer Herrin und mir stand.

Als ich jetzt die Hand ausstreckte, ergriff ich der *fille de chambre* . . .

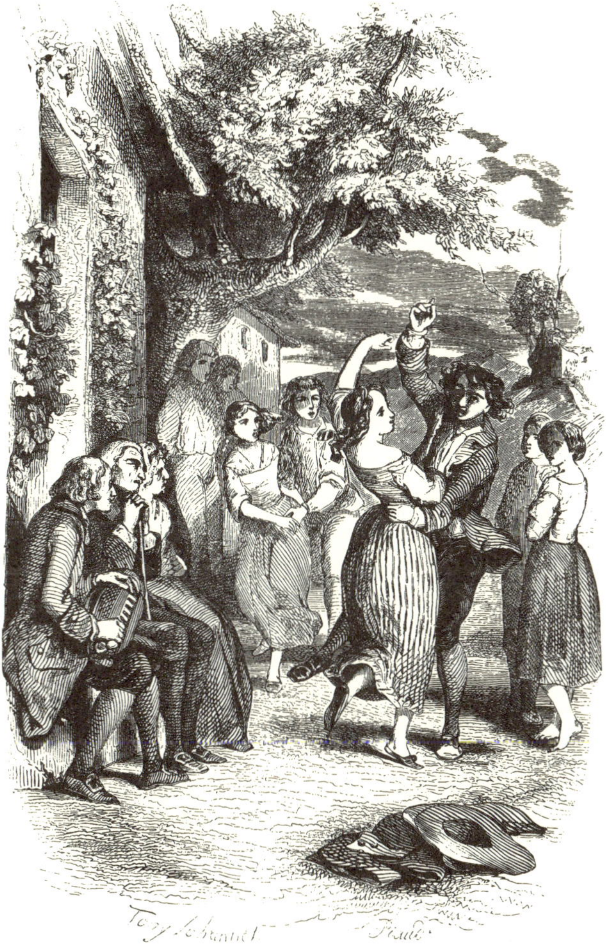
Tony Johannot
Pisan

ANHANG

Nachwort

„‚Gern‘", sagte ein bekannter deutscher Gelehrter, als ich ihm die Nachricht von Sternes Tode brachte, ‚gern hätte ich ihm fünf Jahre von meinem eigenen Leben abgetreten, wann sich das tun ließe, und hätt' ich auch gewiß gewußt, daß mein ganzer Überrest nur zehn oder acht betrüge'" – berichtet Sternes Übersetzer, Johann Joachim Bode, in der ersten Auflage seiner Übertragung der *Empfindsamen Reise*.

Der „bekannte deutsche Gelehrte", den Bode ohne Nennung des Namens zitiert, war kein anderer als der Sterne-Verehrer Lessing, und Lessing war es auch, der seinen Freund Bode zur Übersetzung des kapriziösen Sterne-Werks ermutigte. Dabei trat gleich zu Anfang eine Schwierigkeit auf: Wie sollte man das englische Wort „sentimental" ins Deutsche übertragen? Bode machte Lessing gegenüber verschiedene Vorschläge, unter anderem das Wort „sittlich". Aber Lessing hatte einen besseren Einfall, der nie übertroffen wurde. „Bemerken Sie", machte er Bode aufmerksam, „daß *sentimental* ein neues Wort ist. War es Sternen erlaubt, sich ein neues Wort zu bilden: so muß es eben darum auch seinem Übersetzer erlaubt sein. Die Engländer hatten gar kein Adjectivum von *sentiment*; wir haben von *Empfindung* mehr als eines. *Empfindlich, empfindbar, empfindungsreich*. Wagen Sie, empfindsam! Wenn eine mühsame Reise eine Reise heißt, bei der viel Mühe ist: so kann ja auch eine *empfindsame* Reise eine Reise heissen, bei der viel Empfindung war..."

Viel Empfindung war zweifellos in Laurence Sternes *Empfindsamer Reise*, und die Empfindsamkeit des Autors war außergewöhnlich ansteckend. Sternes Freund John Hall-Stevenson produzierte sofort nach Sternes Tod eine Fortsetzung des zweiteiligen Buches, das eigentlich auf vier Teile geplant war. Andere „Fortsetzungen" folgten in ganz Europa, sogar noch bis 1823. In Deutschland wurden auch gefälschte „postume Werke" begeistert übersetzt, dazu auch eine populäre Sterne-Imitation, die *Predigten für Esel*. Französische und deutsche Autoren produzierten eigene Nachahmungen, von denen einige wiederum ins Englische übersetzt wurden. Zu Ehren von Pater Lorenzo wurde es Mode, Schnupftabakdosen aus Horn zu verschenken, und der Marienkult trieb deutsche Sterne-Verehrer dazu, in einem Park bei Hannover eine Gedenkstätte für das arme Mädchen einzurichten, das zuerst den Geliebten und dann den Verstand verloren hatte. Das fiktive Porträt, das Angelica Kauffmann von Maria malte, hatte einen derartigen Erfolg, daß Drucke davon in ganz Europa verkauft wurden und das Bild sich bald sogar auf Uhrdeckeln und Teetassen wiederfand. Auch der bescheidene Johann Joachim Bode wurde durch seine Sterne-Übersetzungen ein berühmter Mann, und in Italien machte der Dichter Ugo Foscolo, der Sterne in seine Muttersprache übertrug, den englischen Autor fast zu einem italienischen Nationalheiligen.

„...meine Empfindsame Reise wird, das wage ich zu behaupten, Sie davon überzeugen, daß meine Gefühle aus dem Herzen kommen und daß dieses Herz nicht gerade von der übelsten Sorte ist", schrieb Laurence Sterne 1767 an einen Bekannten. „Gott sei gepriesen für meine Empfindsamkeit! Wenn sie mir auch oft Kummer gemacht hat, so möchte ich sie doch nicht eintauschen für alle Freuden, die der gröbste Sinnenmensch jemals empfunden hat."

Daß Sterne sich bemüßigt fühlte, nachdrücklich auf seine Empfindsamkeit hinzuweisen, mag heutige Leser wundern. Denn schon der *Tristram Shandy* hatte ja hinreichend bewiesen, zu welchen feinsinnigen Beobachtungen und Beschreibungen sein Autor fähig war. Aber andererseits hatte der

Tristram auch eine Reihe von Kritikern auf den Plan gerufen, die in dem geistsprühenden Landpfarrer von Coxwold in der Grafschaft Yorkshire nur einen herzenskühlen Egoisten sahen, der für eine witzige Bemerkung seinen besten Freund verraten würde und noch dazu ein frivoler Schreiber war, dessen kaum verhüllte sexuelle Anspielungen einen strengen erzbischöflichen Tadel verdient hätten. „Die Welt hat sich eingebildet, daß ich, weil ich den *Tristram Shandy* geschrieben habe, shandyscher sei, als ich es in Wirklichkeit je gewesen bin", beschwerte sich Sterne in einem Brief. Und einem amerikanischen Verehrer schrieb er: „Die große Masse der Menschen hat so wenig echtes Gefühl, daß ich beim ersten Erscheinen der Bücher am liebsten einen Parlamentsbeschluß erwirkt hätte, daß ‚nur verständige Menschen sie lesen dürften'. Es ist eine schwere Aufgabe, Bücher zu schreiben und Köpfe zu finden, die sie verstehen."

Echtes Gefühl – wieviel Laurence Sterne selbst davon aufbringen konnte, ist unter seinen Lesern bis heute umstritten. Aber der Sympathie für den Autor, dem das persönliche Detail immer wichtiger zu sein schien als das Ganze und der so amüsant mit Herzensergüssen seine Sprachspielereien zu treiben verstand, tut das keinen Abbruch.

Die *Empfindsame Reise durch Frankreich und Italien*, mit der Sterne, nach seinen eigenen Worten, lehren wollte, „die Welt und unsere Mit-Geschöpfe richtiger zu lieben, als wir dies normalerweise tun", erreichte zumindest ein Ziel: Nach der Lektüre des Buches liebte man vielleicht nicht die Welt, aber um so mehr liebte man den Verfasser dieser Reise des Herzens.

Die *Sentimental Journey* beschrieb keine äußeren Sehenswürdigkeiten in einem fremden Land, sondern der Autor breitete vor den Augen der gerührten und erheiterten Leser seine eigene Seelenlandschaft aus. Sterne hatte offenbar nicht das geringste Interesse daran, einen möglichst präzisen Bericht über die französischen Städte zu schreiben, die er auf seiner Fahrt gesehen hatte. Ein Bettler, ein toter Esel oder ein verwirrtes Mädchen regten seine Phantasie weit mehr an als Kirchen und Kunstgalerien, und die leichte Berührung einer Frauenhand löste bei ihm sofort einen Schwall von literarisch erhitzten Vorstellungen aus, die er in kunstvoller Andeutung auf den Leser übertrug.

Als Laurence Sterne die empfindsame Reise durch sein Innenleben zu Papier brachte, war er bereits todkrank. Die angekündigte Beschreibung seiner Erlebnisse in Italien kam nicht mehr zustande. Eine langjährige Lungentuberkulose hatte Sternes Körper so geschwächt, daß der Kranke den harten Londoner Winter des Jahres 1767/8 nicht mehr überstand. Die *Empfindsame Reise* war am 27. Februar 1768 erschienen und von der Kritik einhellig begrüßt worden. Am 18. März starb Laurence Sterne in einem Zimmer in der Old Bond Street.

Schon seit Jahren hatte Sterne den Tod vor Augen gehabt. In vielen seiner Briefe ist mit aller Deutlichkeit von den Begleiterscheinungen der Tuberkulose die Rede, von quälendem Husten, Blutverlust und Aderlaß. Um so größer war Sternes Lebenshunger, und seine wechselnden Vergnügungen, seine Reisen und seine ständigen Liebeleien – selbst wenn sie nur in seinem Kopf stattfanden – wirken wie eine hektische Flucht vor dem Tod.

Im Januar 1762 reiste Sterne mit einigen Bekannten nach Paris. Obwohl sein *Tristram Shandy* damals noch nicht ins Französische übersetzt war, kannte die gebildete Pariser Gesellschaft den Namen des Verfassers sehr gut, und Sterne erfreute sich eines ähnlich großen Interesses wie in London. Sein Gesundheitszustand verbesserte sich „erheblich", wie er seinen Bekannten versicherte: „Es geht mir zehn, nein fünfzehn Prozent besser." Tatsächlich machte er auch auf seine jeweiligen Gastgeber einen recht gesunden, lebhaften Eindruck, und obwohl sich Frankreich mit England noch im Krieg befand, bekam der kauzige Geistliche aus Yorkshire, der nur spärlich Französisch sprach, eine Menge wohltuende Komplimente zu hören. Vor allem ein junger französischer Schriftsteller, der sich ausgiebig mit englischer Literatur beschäftigt hatte, stellte dem *Tristram*-Verfasser ein respektvolles Zeugnis aus: „Was am meisten an diesem Engländer überzeugte, war, daß alles an ihm wahrhaftig war, für einen Engländer war er sogar originell. Er war immer und überall er selbst, nie von Projekten abgelenkt und immer von Impressionen mitgerissen. In unseren Theatern, in unseren Salons, auf unseren Brücken – immer ein bißchen abhängig von den Dingen und Personen, immer bereit, verliebt oder fromm, närrisch oder überragend zu sein." Dieses recht differenzierte Bild, das der junge Franzose von seinem erfolgreichen englischen Kollegen entwarf, ergänzte Sterne mit eigenen Zutaten, die ihm wichtig schienen. Auf die Frage, worauf sich denn sein schöpferischer Geist am stärksten stütze, antwortete Sterne, es sei zunächst einmal die Vorstellungskraft und das Empfindungsvermögen, dann die tägliche Lektüre im Alten und Neuen Testament und schließlich das Studium der Werke von John Locke.

Im allgemeinen fiel es Sterne anscheinend schwer, ganz ernsthaft und direkt über sich selbst zu sprechen. „Nichts in der Welt ist mir peinlicher, als wenn ich jemandem sagen soll, wer ich bin", schreibt Sterne in einer Versailles-Episode, „denn man wird schwerlich einen Menschen finden, den ich nicht besser beschreiben kann als mich selbst, und ich habe mir oft gewünscht, ich könnte es mit einem Wort tun und hätte es damit hinter mir." Deshalb wählt Sterne sich einen Stellvertreter, den von Shakespeare verewigten Spaßmacher Yorick. Dieses literarisierte Alter ego, das absolute Narrenfreiheit genießt, wird zu Sternes Sprachrohr, hinter dem sich der Autor nach Belieben verbergen oder mit dem er sich identifizieren kann – wer der „wahre" Sterne ist, weiß der Leser nie ganz genau.

Nach seiner Unterhaltung mit dem Grafen von B. gibt

Yorick-Sterne einen offenherzigen Einblick in seine Fähigkeit, je nach Bedarf von einer Rolle in eine andere zu schlüpfen und im Reich der Phantasie vor Unglücksschlägen oder auch vor Langeweile sicher zu sein. Zunächst unterhalten sich die beiden Männer über Sternes Schwierigkeiten mit einem Hotelbesitzer. Dann wendet sich das Gespräch den Frauen zu, und Sterne gesteht freimütig „eine gewisse Zuneigung zum ganzen schönen Geschlecht" ein. Als der Graf die scherzhafte Bemerkung macht, sein Besucher sei aber doch sicher nicht gekommen, um die Blößen des Landes oder gar die Blößen der französischen Frauen auszuspähen, gibt Sterne sich über diese Anspielung fast beleidigt. „Ich habe etwas in mir, was selbst den Stoß der verstecktesten Zweideutigkeit nicht ertragen kann", teilt er ganz ernsthaft dem Leser mit, der doch die erotische Erregbarkeit des Autors kennengelernt hat. Aber im Anschluß folgt eine recht plausible Erklärung, die gleichzeitig ein deutlicher Hinweis darauf ist, daß Sternes zahlreiche galante Abenteuer vielleicht nur in seiner Vorstellung stattgefunden haben: Vor einem Dutzend Frauen habe er tausend Dinge sagen können, die er gegenüber einer einzigen nie zu äußern gewagt hätte, gesteht der Frauenheld Yorick-Sterne errötend und lobt die „köstliche Beweglichkeit des menschlichen Geistes", der sich beliebig vielen Illusionen hingeben könne.

Von dieser Beweglichkeit machte Sterne nicht nur in bezug auf Frauen reichlich Gebrauch. Als kranker Mann sah der erfolgreiche Schriftsteller, geübte Prediger und langjährige Ehegatte in dem Spiel mit verschiedenen Rollen ein Überlebenskonzept, ohne das, wie er schrieb, seine Erdentage schon längst beendet wären. „Wenn mein Weg zu holperig für meine Füße oder zu steil für meine Kräfte ist, schlage ich irgendeinen ebenen, samtweichen Pfad ein, den die Phantasie mit Rosenknospen des Vergnügens bestreut hat; und wenn ich eine Weile darauf gewandelt bin, komme ich gestärkt und erfrischt zurück."

Um einen Winter in Südfrankreich, „ohne Husten und Erkältungen" verbringen zu können, hatte Sterne ein kleines Haus mit Garten in Toulouse gemietet. Dorthin sollten auch seine Frau und seine asthmakranke Tochter Lydia kommen. Im Sommer 1762 brach die Familie von Paris nach Toulouse auf, nachdem Sterne sich wieder einmal von einem Schwächeanfall erholt hatte. „Für schwache Lungen ist so etwas im allgemeinen tödlich", berichtete Sterne in einem Brief, „so daß ich in zehn Tagen alles eingebüßt habe, was ich seit meiner Ankunft gewonnen hatte – und wegen einer Erschlaffung meiner Lunge habe ich meine Stimme gänzlich verloren."

Über Sternes Lebensumstände der folgenden anderthalb Jahre ist wenig bekannt. Sei es, daß der Schriftsteller sich zu matt fühlte, um zu schreiben, sei es, daß er mit seiner Familie zu harmonisch oder zu unharmonisch zusammenlebte, um sich auf andere Dinge konzentrieren zu können – jedenfalls ignorierte Sterne auf der Reise von Paris durch die französische Provinz alles, was es an Sehenswertem zu beschreiben gab, und äußerte sich auch nur gelegentlich in Briefen über das ländliche Leben im Süden Frankreichs. Er schien in dieser Hinsicht ganz der Ansicht seines Helden Tristram zu sein, der gemeint hatte, man müsse schließlich in aller Ruhe durch eine Stadt gehen können, ohne ständig die Schreibfeder in der Hand zu haben:

„Nein – ich kann keinen Augenblick anhalten, Ihnen den Charakter der Leute – ihre besonderen Anlagen – ihre Sitten – ihre Gebräuche – ihre Gesetze – ihre Religion – ihre Regierung – ihre Fabriken – ihren Handel – ihre Finanzen samt all ihren Hilfsmitteln und verborgenen Triebfedern zu schildern, die sie aufrechterhalten: so qualifiziert ich dafür sein mag, weil ich drei Tage und zwei Nächte unter ihnen zugebracht und während dieser ganzen Zeit diese Dinge zum einzigen Gegenstand meiner Nachforschungen und Betrachtungen gemacht habe."

Mit diesen Bemerkungen ironisierte Tristram/Sterne vermutlich die Reiseberichte mancher Schriftsteller-Kollegen, die aus oberflächlichen persönlichen Begegnungen in fremden Ländern allgemein verbindliche Reisehandbücher machten. Sterne hatte nicht einmal Städte wie York oder London beschrieben, die er gut kannte. Um so weniger drängte es ihn, „objektive" Schilderungen unbekannter Gegenden als Information anzubieten. Sterne reiste, einerlei ob er eine reale oder eine fiktive Fahrt unternahm, vor allem in seiner Phantasie. Über die drei Wochen dauernde mühsame Kutschenfahrt nach Toulouse erfährt man in der *Empfindsamen Reise* fast nichts. Die reale Erfahrung, die man mit jedermann teilt, der eine solche Reise macht, interessierte Sterne als literarischer Stoff offenbar gar nicht. Nur in einem Brief an seinen Bankier teilt der Autor einiges über die Beschwernisse einer Überlandfahrt mit: „Auf unserer Reise haben wir so sehr unter der Hitze gelitten, daß es mir jetzt noch weh tut, wenn ich daran zurückdenke. Von Paris bis Nîmes habe ich keine einzige Wolke gesehen, die so groß gewesen wäre wie ein Vierundzwanzigsousstück. Mein Gott! wir wurden auf dem ganzen Weg entweder von der einen oder der anderen Seite getoastet, geröstet, gegrillt, gekocht und gebraten – und wenn wir am Tage richtig gar geworden waren, wurden wir in der Nacht von Wanzen und anderem, nicht hinausgefegtem Getier aufgefressen, den rechtmäßigen Bewohnern (falls die Dauer eines Besitzanspruchs Rechte zu verleihen vermag) eines jeden Gasthauses, in dem wir übernachteten. – Können Sie sich ein schlimmeres Unglück vorstellen, als daß auf einer solchen Reise, am heißesten Tag und zur heißesten Stunde, vier Meilen von jedem Baum oder Strauch entfernt, der auch nur einen Schatten von der Größe von Evas Feigenblatt werfen könnte – daß uns da ein Hinterrad in zehntausend Stücke zersprang und wir folglich gezwungen waren, fünf Stunden lang auf einer steinigen Straße zu sitzen, ohne einen Tropfen oder die Möglichkeit, Wasser zu bekommen?"

Von dem Aufenthalt in Toulouse, das als Erholungsort für Schwindsüchtige einen sehr guten Ruf genoß, hatte sich Sterne für seine Gesundheit viel versprochen. Aber schon bald, nachdem die Familie das geräumige Miethaus bezogen hatte, das ihr für unbestimmte Zeit als Unterkunft dienen sollte, erkrankte Sterne an einem lebensgefährlichen epidemischen Fieber. Da die Ärzte anscheinend nicht viel tun konnten, ignorierte er ihre Theorien und überließ sich gänzlich „der Dame Natur", die ihn schließlich wieder zu Kräften kommen ließ.

Für Sternes unruhigen Geist war Toulouse keine sehr anregende Stadt. Seine dort lebenden Landsleute veranstalteten zwar gelegentlich Laienspiele und sonstige kulturelle Unterhaltung, aber Sterne langweilte sich. Für interessantere Unternehmungen fehlte es ihm an Geld, denn sein Londoner Verleger klagte über den spärlicher werdenden Verkauf des *Tristram Shandy* und mochte keine allzu großen Vorschüsse mehr zahlen.

Aber um die Weihnachtszeit ergab sich für Sterne eine unvorhergesehene Ablenkung: Er lernte einen jungen Engländer kennen, der ebenfalls an Lungentuberkulose litt und nicht mehr lange zu leben hatte. Sterne besuchte den jungen George Oswald häufig am Krankenbett und erfuhr von dem behandelnden Arzt, daß für den Patienten keine Hoffnung mehr bestehe. Kurz bevor der junge Mann starb, hatte er Sterne gebeten, ihm ehrlich zu sagen, wieviel Zeit ihm noch bleibe. Sterne sah sich vor einer „abscheulichen Aufgabe", wie er in einem Brief nach England schrieb. Oswald „nahm die Nachricht mit einer Gefaßtheit auf, welche die Philosophie mit all ihrem Gewäsch verlegen machen würde. ‚Gottes Wille geschehe, mein guter Freund‘, sagte er ohne Gefühlsbewegung, außer jener echter Frömmigkeit; und indem er meine Hand ergriff, setzte er hinzu, für diesen letzten Akt der Freundschaft sei er mir dankbarer als für alle anderen Freundlichkeiten, die er empfangen habe..."

Vier Nächte lang hatte Sterne an Oswalds Krankenbett gewacht und war körperlich und emotional völlig erschöpft. Dennoch bestand er darauf, bei der Obduktion der Leiche dabeizusein. Der junge Mann hatte vor seinem Tod selbst um eine Obduktion gebeten, damit die Ärzte feststellen könnten, ob seine Schwindsucht mit einer Schußverletzung in der Lungengegend zusammenhinge, die er in früheren Jahren davongetragen hatte. Der Professor für Anatomie an der Universität in Toulouse führte die Obduktion durch, und Sterne, im vollen Bewußtsein seiner eigenen Krankheit, ließ sich das Endstadium der Schwindsucht fachmännisch demonstrieren. Dieser Realität wich er nicht aus, sondern beschrieb sie nüchtern in einem Brief: „Die offen liegenden Lungen waren voll von Abszessen – der rechte Lungenlappen fast völlig verhärtet, und beide Lappen waren in solchem Maße mit dem Brustfell verwachsen, daß selbst der Arzt und der Anatom verblüfft waren; es grenzt an ein Wunder, daß Oswald die letzten drei Monate überstanden hat."

Sterne hatte dem sterbenden Oswald versprochen, im Falle seines Todes den Vater zu benachrichtigen. Er tat das auf die Weise, die seinem geistlichen Amt entsprach, zog dabei aber behutsame Register: „Er aber, mein werter Herr, der ihn mehr liebte als Vater oder Mutter oder der zärtlichste seiner Freunde, hat es für richtig erachtet, die Dinge nach seinem Willen zu lenken. Sein Wille geschehe. Es ist der einzige Trost angesichts so vieler schmerzlicher Verluste, die wir auf unserer stürmischen Erdenfahrt erleiden, und inbrünstig bete ich zu Ihm, der Er alle unsere Wege leitet, daß Sie diesem Schicksal tapfer die Stirn bieten und von dieser Verwundung, wenn möglich ohne eine Narbe, genesen mögen..."

Sternes Befinden hatte sich durch die Erlebnisse mit dem jungen Oswald wieder sehr verschlechtert, und er beschloß, Toulouse zu verlassen und mit der Familie einen anderen Kurort aufzusuchen. Ein Abstecher in Richtung Spanien sollte ihn körperlich und seelisch wieder ins Gleichgewicht bringen. Aber „die dünne Luft der Pyrenäen" hatte, wie Sterne einem Freund in England schrieb, zur Folge, daß fortwährend „Gefäße in meiner Lunge platzten, verbunden mit all den Übeln, die eine Lungenschwindsucht begleiten". Die Familie reiste nun tief in den Süden Frankreichs und fand Quartier in Montpellier, wo Schwindsüchtige aus ganz Europa zusammenkamen.

Nachdem endlich Frieden geschlossen war, strömten immer mehr Engländer nach Frankreich, und Sterne machte etliche neue Bekanntschaften, unter anderem mit dem Schriftsteller Tobias Smollett, der später die Geschichte des jungen Oswald in London weitererzählte. Smollett reiste ebenfalls mit seiner Familie durch Europa, berichtete aber, im Gegensatz zu Sterne, wie ein Reiseführer über alles, was er sah und hörte. In seiner *Empfindsamen Reise* hat Sterne ihn als den „gelehrten Smelfungus" karikiert, der „am Spleen und an der Gelbsucht litt, als er seine Reise begann, und folglich war alles, was er sah, verfärbt und verzerrt. – Er schrieb einen Bericht darüber, allein es war nur der Bericht über seine eigenen erbärmlichen Gefühle."

Daß Sterne mißmutig war und sich in Montpellier besonders niedergeschlagen fühlte, war kein Wunder, denn es ging ihm schlecht. Er saß ohne viel Anregung in der Provinz, sein Gesundheitszustand verbesserte sich nicht, sein Familienleben war unerquicklich, und es fehlte ihm an Geld, so sehr, daß er einen Landsmann, den er erst kürzlich kennengelernt hatte, um eine Summe von fünfzig Pfund bat, die er in England wieder zurückzahlen wollte.

Anfang Januar 1764 wurde Sterne erneut schwer krank und „litt schrecklich bei diesem Kampf mit dem Tod", wie er seinem englischen Verleger schrieb. Seine Frau und seine Tochter hatten inzwischen den Entschluß gefaßt, nicht mehr mit nach England zurückzukehren. „Wir alle leben länger, zumindest glücklicher, wenn jeder seine eigenen Wege geht", hatte auch Sterne erkannt. „Ich werde bei bester Laune sein, und jeder Schritt, der mich England näher bringt, wird sicherlich dazu beitragen, diesen armen Körper wieder in Ordnung zu bringen."

Etwa Ende Februar 1764 war Sterne wieder in Paris und tauchte noch einmal tief in das gesellschaftliche Leben ein, ehe er sich im Mai auf den Weg nach London machte. In Paris traf er unter anderen den Philosophen David Hume, der als Sekretär des neuen englischen Botschafters, des Earl of Hertford, nach Frankreich gekommen war. Hertford hatte für fünfhundert Pfund im Jahr das Hotel de Lauraguais gemietet und es als Botschaftsgebäude so verschwenderisch herrichten lassen, daß es, wie Sterne schilderte, „die Neugier erregte, Heiterkeit weckte und für mindestens vierzehn Tage Gesprächsstoff für die gebildeten Pariser Kreise gab". Der Botschaft war eine Kapelle angegliedert, und wohl niemand anders eignete sich besser als der berühmte Landpfarrer aus Yorkshire, dort die erste Predigt zu halten. Der Text gehört zu den eindrucksvollsten, die in Sternes Predigtsammlung aufgenommen worden sind.

„Wir sind eine sonderbare Mischung", heißt es da, persönlich kritisch, „und etwas, das mit Mildtätigkeit weniger gemein hat, als wir glauben, mischt sich so beharrlich in das, was wir tun, daß wir, der Macht der Gewohnheit gehorchend, dieser Stimme folgen, nicht nur in wichtigen Dingen, wenn die Selbstsucht sich aller Künste der Verstellung bedient, sondern sogar in den unwichtigsten unserer Handlungen, die keiner Täuschung bedürfen. Was immer ein Mann unternehmen mag – beobachten Sie ihn – zwei Beweggründe leiten ihn, ein innerer und ein äußerer, ein vorgeschobener, äußerer für die Welt – und ein zweiter, den er in seinem Inneren nur für sich selber bereithält; das, werden Sie sagen, geht die Welt nichts an; das könnte wohl so sein; aber indem wir der Welt den falschen Beweggrund aufdrängen und uns von ihr einen guten Ruf erschleichen, anstatt ihn zu gewinnen, geben wir ihr das Recht und den Anlaß, weiter nachzuforschen."

Die Pariser Predigt über Sein und Schein war eine der letzten, die Sterne gehalten hat. Ganz sicher hatte er dieses Thema nicht zufällig aufgegriffen, denn es betraf ihn selbst wie kaum ein anderes. Im Oktober desselben Jahres 1764 teilte Sterne dem Erzbischof von York bedauernd mit, daß er wegen seiner körperlichen und stimmlichen Schwäche das Predigen aufgeben müsse.

Aber mit dem Leben abgeschlossen hatte Sterne deswegen noch nicht. Da seine geistliche Arbeit nun von zwei Hilfskräften erledigt wurde, konnte er sich um so intensiver seinen realen oder erdachten Liebeständeleien zuwenden. „Ich bin seit acht Wochen von der zärtlichsten Leidenschaft besessen, die jemals ein zärtlicher Bursche erlebt hat", schrieb er an seinen Freund, den lebenslustigen John Hall-Stevenson. „Ich wünschte, mein lieber Freund, du hättest mitansehen können (vielleicht kannst du es, auch ohne daß ich es wünsche), wie köstlich ich damit im ersten Monat umhergetrabt bin, auf und ab, immer unterwegs auf den Straßen von meinem Hotel zu ihrem – zuerst einmal, dann zweimal, dann dreimal täglich, bis ich schließlich drauf und dran war, mein Steckenpferd für immer und ewig in ihrem Stall unterzubringen."

Warum er das nicht tat, erfährt man nicht; ebensowenig erfährt man, wer die Dame war und was Sterne gerade an ihr so bezaubernd fand. Aber auch diese angedeutete Beziehung endet so, wie Sternes Beziehungen immer enden: tränenreich. Abschiednehmen ist für Sterne jedesmal wieder ein Höhepunkt literarischer Kraftentfaltung. „In den letzten drei Wochen haben wir zu jeder Stunde die traurige Weise vom Abschiednehmen angestimmt", schwelgt er nach dem Abbruch einer solchen vorübergehenden Beziehung. „Ich tat nichts anderes, als von Sonnenaufgang bis Sonnenuntergang mit ihr gemeinsam Tränen zu vergießen und *jouer des sentiments*."

Diese „Gefühlsspielerei" hatte den bei Sterne üblichen

Effekt. Als seine Liebe nach Südfrankreich abreisen mußte, wurde er krank: „Ein Gefäß platzte mir in der Lunge, und ich verblutete fast." Als er sich erholt hatte, machte er sich auf den Weg zurück nach England. Die Londoner Zeitungen kündigten seine Rückkehr an, und damit verstummten schnell alle Gerüchte, der Autor des *Tristram Shandy* sei in Frankreich gestorben. In London ließ sich Sterne von Sir Joshua Reynolds porträtieren, besuchte einige Bekannte und begab sich dann in sein Haus in Coxwold, um die nächsten Folgen seines *Tristram* zu schreiben und eine Sammlung seiner Predigten zu veröffentlichen.

Das siebte Buch von *Tristram Shandy* enthält bereits den Bericht einer Reise durch Frankreich, der allerdings weitgehend ein Phantasieprodukt ist, das Sterne mit dem Finger auf der Landkarte verfaßte. Zwar krank, aber doch frei von geistlichen und häuslichen Verpflichtungen, plante Sterne jetzt neue, reale Reisen – nach Paris, nach Rom, nach Neapel. Im Oktober 1765 sah man ihn wieder recht munter für ein paar Tage in der französischen Hauptstadt, und wenig später saß er bereits in einer Kutsche, die ihn über die Alpen brachte. Turin war seine nächste Station, wo er einen ungewöhnlich klugen jungen Mann kennenlernte, den 23jährigen Sir James MacDonald, der gerade von einem Besuch bei Voltaire in Genf zurückgekommen war. Mit MacDonald reiste Sterne durch die Poebene, passierte Mailand, Piacenza, Parma und Bologna, bevor er den Appenin überquerte, um nach Florenz zu kommen. All diese von jedermann ersehnten Touristenziele schienen für Sterne nur das Rohmaterial für seine assoziativen Gedankensprünge gewesen zu sein. Auch diesmal beschrieb er keine Stadtbilder, keine Kunstwerke oder sonstigen Sehenswürdigkeiten, sondern machte sich über die gewissenhafte Reiseprosa anderer Autoren lustig. Außer Tobias Smollett („Smelfungus") nimmt Sterne auch den Arzt und Schriftsteller Samuel Sharp unter ironischen Beschuß, der als der schwerreiche „Mundungus" auftritt und ganz Europa durchreist, ohne eine einzige amüsante Anekdote berichten zu können. „Und würden Smelfungus und Mundungus auch in die glückseligste Wohnung des Himmels versetzt", spekuliert Sterne ein bißchen boshaft, „sie wären dennoch so weit von aller Glückseligkeit entfernt, daß ihre Seelen selbst dort bis in alle Ewigkeit Buße tun müßten."

Um Sharp nicht zuviel Unrecht zu tun, sei hier ein kurzer, aber anschaulicher Bericht eingefügt, den der Reiseschriftsteller von seiner eigenen Überquerung der Alpen im Jahre 1766 gab: „Wenn man nach Italien einreist oder es verläßt, wird, wenn man am Fuße des Gebirges angelangt ist, die Kutsche oder Chaise zerlegt und auf Maultieren auf die andere Seite geschafft; man selbst wird von zwei Männern auf einem gewöhnlichen beinlosen Stuhl aus Stroh transportiert, der wie eine Sänfte mit zwei Stangen versehen ist; ein freihängendes Fußbrett dient zum Abstützen der Füße; doch obwohl man immer nur von zwei Männern getragen werden kann, stehen sechs und manchmal sogar acht weitere Männer zur Ablösung bereit. Den ganzen Tag über legt man auf diese Weise vierzehn oder fünfzehn Meilen zurück, und wenn die zu tragende Person zu korpulent ist, ist es notwendig, zehn Träger einzusetzen. Obwohl ich den Aufstieg wie den Abstieg als außerordentlich zerklüftet beschrieben habe, sind die Träger gleichwohl durch die lange Übung mit dem Untergrund so vertraut geworden, daß sie, wie die Gemsen, selten einen Fehltritt tun..."

Sterne dürfte im Jahr zuvor dieselbe Erfahrung gemacht haben, die Sharp so sorgfältig beschreibt. Aber für Sterne lag anscheinend nicht genügend erotischer oder melancholischer Reiz in einer solchen Situation, als daß er sie hätte schildern mögen. Statt dem Verlauf der Reise widmete er sich lieber der Beobachtung seiner Reaktionen auf gefühlhaltige Stimulanzien. Auf diese Weise kam zwar kein Porträt der Stadt Mailand dabei zustande, wohl aber die unvergeßliche Szene mit der Marquise von F. vor dem Konzertsaal.

Im Winter des Jahres 1765/66 durcheilte Sterne Italien bis Neapel, wo es im Februar so warm war, daß er die Sonne „gerade noch ertragen konnte", wie er Hall-Stevenson heiter berichtete. Er hoffte, daß er sein Leben um zehn Jahre verlängert und „neue, bisher unbekannte Quellen der Gesundheit" in sich aufgetan habe; er werde bereits „fett und glatt". In Neapel nahm er am Karneval teil, besuchte die Oper und traf sich mit Landsleuten beim englischen Gesandten Sir William Hamilton oder auf den prunkvollen Bällen der Prinzessin Francavilla.

1767, ein Jahr vor seinem Tod, raffte Laurence Sterne noch einmal alle seine Kräfte zusammen und setzte sich an zwei kleine Werke, die seine letzten werden sollten und die Quintessenz seiner Imaginationskraft darstellen: Das *Tagebuch für Eliza* und die *Empfindsame Reise*. Fern vom stillen Coxwold, stürzte sich Sterne noch einmal in das lebhafte Londoner Gesellschaftstreiben, gewann neue Freunde und verliebte sich wieder einmal unsterblich, diesmal in die 22jährige Eliza Draper, die wenige Wochen später zu ihrem Ehegatten nach Indien fuhr – Grund genug für den empfindsamen Autor, den bevorstehenden Abschied mit zahlreichen vorweggenommenen Tränen literarisch zu dekorieren. Ob es zwischen der jungen Frau und dem 54jährigen Schriftsteller jemals zu mehr als einem gefühlvollen Handkuß kam, war für Sterne wohl völlig unwichtig. Ihm genügte der starke Schreibimpuls, den er durch diese vorgestellte Liebesbeziehung erhielt. Drei Wochen vor seinem Tod erschien die *Empfindsame Reise* in England, und schon wenige Monate später waren Übersetzer in ganz Europa dabei, dem schmalen Buch über eine Reise des Herzens ungezählte Liebhaber zuzuführen.

Klaus Thiele-Dohrmann

Zeittafel

1713 am 24. November wird Laurence Sterne in Clonmel, Tipperary (Irland) geboren, wo sein Vater als Soldat stationiert war.
1715 Sternes Familie verlegt den Wohnort nach Dublin.
1718 Umzug nach Bristol, Hampshire und wieder zurück nach Dublin.
1722 In den Militärbaracken von Dublin lernt Sterne lesen und schreiben; Schulbesuch in England, Trennung von den Eltern.
1724 Erwerb fundierter Kenntnisse in Latein, Griechisch und antiker Literatur.
1731 In Port Antonio stirbt Sternes Vater an einem bösartigen Fieber.
1733 Laurence Sterne schreibt sich im Jesus College ein.
1734 Er erhält eines jener Stipendien, die Erzbischof Sterne für arme Jungen aus Yorkshire oder Nottinghamshire eingerichtet hatte.
1735 Anmeldung zum Abschlußexamen.
1736 Die Freundschaft mit John Hall-Stevenson und John Fountayne beginnt.
1737 ‚Bachelor of Arts‘ am Jesus College; Hilfsgeistlicher in St. Ives.
1738 Zum Priestertum zugelassen von Samuel Peploe, Bischof von Chester; Vikar in Sutton-upon-Forest, in der Nähe von York.
1741 Heirat mit Elizabeth Lumley; wird Domherr in York Minster; unterstützt die Whigs mit seinen Schriften.
1742 Wird an der Seite einer Wahlhelferorganisation für

Walpole politisch aktiv; zwischen Onkel und Neffen, Jaques und Laurence Sterne, bricht ein erbitterter Streit aus, der seinen Höhepunkt in den Jahren 1747–1751 erreicht; *The York Gazetteer, Query upon Query*

1743 Umzug nach Stillington; Veröffentlichung von *The Unknown World, Verses occasioned by hearing a Pass-Bell* in *The Gentleman's Magazine*.

1745 Bis 1759 intensives Literaturstudium; am 1. Oktober bringt Elizabeth eine Tochter zur Welt, die am nächsten Tag stirbt.

1747 Sterne predigt in St. Michael le Belfry *The Case of Elijah and the Widow of Zarephath, consider'd*; wird im gleichen Jahr noch veröffentlicht.
Sterne verfaßt wahrscheinlich die meisten seiner Predigten zwischen 1742 und 1751, nachdem er sich in Sutton niedergelassen hat; zusammen mit John Fountayne wird er in kirchliche Querelen hineingezogen; am 1. Dezember Geburt einer Tochter.

1750 Nimmt an sieben von elf Kapitelsitzungen teil, um Fountayne politisch zu unterstützen; wird als Lord Fauconbergs Beauftragter vereidigt.

1751 Sterne betreibt intensive Studien zur klassischen Antike und zur Anthropologie; Elizabeths drittes Kind wird tot geboren.

1752 Reger Briefwechsel mit John Blake.

1753 Sterne wird zum Richter bestellt; er ist bei dem Erzbischof von York in Ungnade gefallen, daher wird sein früherer Stellvertreter Richard Wilkinson bei der Pfründenvergabe bevorzugt; Sterne liest und empfiehlt begeistert Hogarths *The Analysis of Beauty*.

1754 Seine bevorzugten Autoren sind Lukian, Rabelais, Cervantes, Robert Burton und John Locke.

1756 Sternes berufliche und finanzielle Lage hat sich einigermaßen stabilisiert.

1759 Umzug nach York; Veröffentlichungen: *A Political*

Romance (History of a Good Warm Watch-Coat); die Bände I und II von *Tristram Shandy* in York.

1760 Sterne wird in London begeistert gefeiert und erhält eine Stelle in Coxwold, wo er ‚Shandy Hall' einrichtet; sein Verleger Dodsley kündigt eine neue Auflage des *Tristram Shandy* an, und Sterne verspricht, jedes Jahr einen neuen Band zu schreiben; veröffentlicht *The Sermons of Mr. Yorick*, Mai–Juni 1760.

1761 Von Juni 1760 bis Mai 1761 erscheinen die Bände III und IV des *Tristram Shandy*, von Juni 1761 bis Januar 1762 die Bände V und VI.

1762 Januar bis Juni Reise durch Frankreich, obwohl die gefürchtete Krankheit seiner Jugend wieder ausgebrochen ist; kommt am 16. Januar todkrank in Paris an, erholt sich aber sehr schnell; Aufenthalt in Frankreich von August 1762 bis Mai 1764.

1763 Läßt sich mit seiner Familie in Toulouse nieder.

1764 Sterne will nach Coxwold zurück und läßt seine Frau und seine Tochter in Südfrankreich; unterbricht seine Rückreise noch einmal in Paris, wo Hume in dieser Saison die große Sensation der Pariser Gesellschaft ist.

1765 In Yorkshire und London erscheinen die Bände VII und VIII des *Tristram Shandy*.

1766 Die Bände III und IV der *Sermons of Mr. Yorick* werden veröffentlicht; Reise durch Italien von Oktober 1765 bis Mai 1766.

1767 Der letzte Band (IX) des *Tristram Shandy* erscheint von Juni 1766 bis März 1767; in Coxwold verschlechtert sich Sternes Gesundheitszustand zusehends. Sterne schreibt von März bis Oktober 1767 *The Journal of Eliza*.

1768 *Die empfindsame Reise* Juni 1767 bis Februar 1768; in dem darauffolgenden strengen Winter zieht Sterne sich eine Grippe zu, die in Rippenfellentzündung übergeht, an deren Folgen er am 18. März stirbt.

Inhalt

Eine empfindsame Reise
durch Frankreich und Italien   5

Nachwort 155

Zeittafel 171